THE PRACTICAL MANAGEMENT

超实用管理学

磨 剑——著

中国法制出版社
CHINA LEGAL PUBLISHING HOUSE

前　言

“管理就是确切地知道要别人去做什么，并使他用最好的方法去做。”这本管理学通俗读物虽然是以企业管理为线索，但其中的道理可以广泛应用于各个管理领域。它不像教材那么系统，避免了教材的枯燥乏味；不像学术专著那么深奥，避免了学术著作的晦涩难懂。

这本书更像是从管理学的海滩上捡拾的一片片美丽的贝壳，被作者精心地加工并串联起来，送到读者面前。在忙碌之余，您可以抽出一点时间，给自己充充电，掌握一些管理学的知识，更从容地应对生活和事业中面临的种种问题。

管理的核心是“人”。所以，全书的前三章都是直接在讲“人”——管理者和被管理者。要想管理别人，先要管好自己。作者想出不少貌似“馊主意”的好点子——偶尔出点丑，拉近和下属的距离；克制住自己的求胜欲望，不要总高人一等……

网罗、培养、使用并留住人才，是管理者最重要的使命。但那些比自己更出色的人该怎么用呢？下属不听话、“磨洋工”，该怎么办？要想赢得下属发自内心的忠诚和拥戴，让下属在工作中积极主动、全力以赴，又该做什么？

解决了“人”的基础问题，等于登上了管理学的平台，可以继续拾级而上了。作者依次介绍了决策管理、经营管理、营销管理、质量管理、危机管理方面的知识。作者的叙述简明扼要，穿插其间的故事饶有趣味，例如，如果有一头狮子闯进你的院子里，你会怎么办？你会不会像那头“布里丹驴”一样，站在两堆草料之间，却不知道究竟该吃哪一堆，最后活活地饿死？这些轻松、诙谐的小故事，往往蕴藏着管理的大道理。

管理学不是高高在上的领导才用得着的学问。在工作和生活中，你经常会在不知不觉中扮演管理者的角色。有时是在家里，有时是在办公室里，有时是在一个社交场合，有时则是面对一群意外聚集在一起的人。今天，你是一个潜在的管理者；明天，你就可能是一个真正的管理者。所以，利用下班后的闲暇、工作的间隙、公交车上的无聊时光，学习一些管理知识，这些知识或许什么时候就能派上用场了！

目 录

第一章 管好自己，再管别人

作为管理者，你会偶尔干点糗事，让员工跟自己更亲近吗？你能克制住自己的求胜欲望，不对下属指手画脚吗？本章讲述的是管理者的自我管理，提升管理者的领导力。只有管好自己，才能管好一个团队。

第二章　管好员工，用好人才

遇到下属“磨洋工”该怎么办？用比自己更出色的人，会威胁到自己的地位吗？你会不会被优秀员工头顶的光环所迷惑，把他提升到一个并不适合的岗位上去？网罗人才、使用人才、培养人才、留住人才，是古往今来的管理者都要面对的难题。

在希腊神话中，皮格马利翁的爱让冰冷的雕像变成了美丽的少女。管理者的信任和期待可以激发员工的潜能，让貌似平庸的下属创造奇迹。孟子说：“君之视臣如手足，则臣视君如腹心；君之视臣如犬马，则臣视君如国人；君之视臣如土芥，则臣视君如寇雠。”只有真正把下属当作“人”来看待的管理者，才能赢得下属的忠诚和爱戴。

第四章　重视决策管理

如果有一头狮子闯进你的院子里，该怎么办？决策需要冷静的头脑和果断的作风。片面地追求万无一失，奢望规避所有的风险，就难免左右为难、优柔寡断。就像那头“布里丹驴”一样，站在两堆草料之间却不知道该吃哪一堆，最后活活地饿死。

第五章 重视经营管理

如果你是一个富有进取心的管理者，喜欢给自己的下属制定富有挑战性的目标，那就要警惕别让过大的压力导致企业窒息；如果你是一个资金有限的初次创业者，就要提醒自己别为了装点门面而挥霍宝贵的资金，更不要因为冲动而盲目扩张，让弱不禁风的公司夭折。

第六章　重视营销管理

一个响亮的名号就是最好的广告；一句不恰当的广告语却可以把企业拖进泥潭。你能洞察客户的需求，给他们一个非买不可的理由吗？有的人喜欢价廉物美的商品，有的人则对高档品趋之若鹜，市场就是这样变幻莫测，摸到了它瞬息万变的脉搏，也就懂得了营销的真谛。

第七章　重视质量管理

把好质量关，功夫在细节。什么是细节？比如，“微笑时请露出八颗牙齿”。只有把细节做到位，才能有经得起检验的产品和服务质量。

第八章　重视危机管理

危机管理是“刀尖上的舞蹈”。真正的危机管理是防范危机，而不是处理危机。但人算不如天算，百密一疏是无法避免的。当暴风雨来临的时候，我们该如何面对？灵活地做出反应，坦诚地面对公众，勇于担当责任，才能化险为夷。

第一章

管好自己，再管别人

世界上有两大难事困扰着我们，一是改变自己，二是改变别人。中国有句古话说得好："一屋不扫，何以扫天下？"不管理好自己，就难以成为统率千军万马的领导者。管理好自己是有效管理团队的基础，所以，那些表面上能掌控员工的管理者，其管理质量可能就堪忧了。

搞清楚应该在一屋之内扫去什么，才是进行自我管理的关键所在。之所以会做出错误的判断，是因为我们经常被自己的主观意识蒙蔽了双眼。看待任何事情都比较喜欢用主观意识来判断，其实是个人性格上的盲点。要提升管理能力，就意味着必须改变这一习惯。管理者的觉悟程度，对管理效率起着至关重要的作用。

不管我们在企业中扮演什么样的角色，都应该或多或少地具备一些领导能力。具备领导力，才能让我们在分析问题时以宏观的角度和全局的利益为出发点，坚定不移地保持自己的既定目标和使命；面对复杂多变的世界，具备一定的领导力，可以让我们更从容地突破一人一事的局限，转而用整体化的、较为均衡的思路去解决问题；领导力不仅可以让我们关心自我的需求，还能让我们更无私地替别人着想，以更加平等、更加坦诚以及更加有效率的方法来解决沟通过程中产生的矛盾。

让自己时刻保持最佳状态

没有什么比失去热忱更使人觉得垂垂老矣，精神状态不佳，一切都将处于不佳状态。

——美国自然科学家、作家杜利奥

杜利奥的这句话告诉我们，无论是对待自己的工作还是生活，都要保持积极的态度。积极的态度是成功的基础，拥有成功的信念比拥有过人的才能更重要。

我们也许已经注意到，成功的人总是面带笑容，充满着自信，而那些碌碌无为的人则总是无精打采，抱怨自己的无能。领导者在管理自己的企业时，要记住这样一句话："要么你去驾驭生命，要么就是生命驾驭你。你的心态决定谁是坐骑，谁是骑师。"

别人怎么评价你并不重要，关键看你怎样评价自己。把一件事看得越复杂，就越不容易做到；对自己说些不吉利的话，这些不吉利的事往往都会成为现实。正如禅语中说的一样："境由心造，相由心生"。

身边的机会，总喜欢把自己伪装成困难或挑战。面对这样的困难，我们必须让自己坚强起来，告诉自己"我能做到！"只有积极的心态，才能把自己由平庸者变为成功者。

◎案例

美国企业家克罗克刚出生时，西部淘金运动就已经结束了，这无疑让他和一个可以发大财的时代擦肩而过。

他好不容易考上了大学，却遭遇了1931年美国经济危机。时运不济的他不得不选择辍学去搞房地产，刚干了没多久又闹起了第二次世界大战，有钱人都四处逃命，根本没心思买房置地。美国的房地产生意瞬间土崩瓦解，这让克罗克备受煎熬。

从那以后不幸就没离开过他，迫于生计，他先后做过司机和推销员，但终究还是不顺利，养家糊口都成了问题。

尽管如此，克罗克始终没有气馁。1955年，闯荡半生的他空手回到了家乡，把家里原有的小产业变卖后，开始学着做其他生意。当时他注意到，麦当劳开办的汽车餐厅生意火爆，于是想进军餐饮行业。

52岁的他准备从头做起，到汽车餐厅打工，学做汉堡。他的做法遭到家里人的反对，像他这个年龄应该准备退休享乐，但克罗克信心十足，精神饱满得像个小伙子。

几年后，他向银行贷款270万美元，毅然买下了几家餐厅，开始专做麦当劳。经过几十年的苦心经营，他经营的麦当劳如今已经发展成为全球最大的快餐公司。

◎点评

人和人之间的差距并不大，只是有些人是积极的，有些人是消极的，积极的人能获得成功，而消极的人注定会失败。作为企业领导的你，应该乐观地对待自己的企业，每天保持充满信心的最佳状态，把困难当成一种动力，在风高浪急的海上自由航行，最终抵达成功的彼岸。

不要总对下属指手画脚

美国政治领导学研究的先驱伯恩斯曾说过：“下属在工作中越是觉得自己有能力和有效率，在完成工作时就越不想听到命令和指挥。”这句话后来被称为“伯恩斯定律”。这个定律讲的是员工的独立性和能力、工作效率之间的关系，它要求管理者对个人能力较强的员工，尽量少命令或指挥。

成功的上司往往不需要对下属过多地指手画脚，优秀的下属也通常不想要命令和指挥，这是成功的现代企业上司和下属之间的关系。这种企业中的工作，一般是管理者通过默示得到员工的默契，从而让员工主动完成的。

服从上级的命令，一直是组织内部下级员工的职责。但这并不代表管理者不管什么事都要手把手地教员工，实际上管理者也是不可能做到的。“伯恩斯定律”较好地揭示了这样一个规律：需要上司指挥越少的下属，其能力也就越高。

所以，当企业管理者遇到凡事都唯命是从的员工时，就要提高警惕了。不要认为自己的管理能力多么高超，因为你的这些手下很可能并不优秀。

这些“忠厚老实”的下属，还很容易让管理者滋生出迂腐的长官陋习。对待这些下属，有些管理者通常满足于好为人师的虚荣，上了瘾一样动不动就对下属说三道四。长此以往，上司和下属就会陷入恶性循环当中——领导们越来越自以为是，受其管教的员工们也变得越来越无能。上司疲惫不堪，整个组织也跟着受到病态传染，企业的效率开始下降，甚至陷入瘫痪。

◎案例

在不少体育赛事中，我们经常看到这样的场景：两队的比分很接近，比赛马上要结束，观众们捏着一把汗。这时候暂停的哨声吹响了，教练开始做最后的战略部署，给队员们加油鼓劲。遗憾的是，假如某一队的运动员本来综合素质较差，这时候采取暂停战术反而会导致他们情绪低落、垂头丧气，到最后就会失败。

而另一队则恰恰相反，明智的教练了解队员们此刻的心情，知道自己的队员已经做好了一决雌雄的准备，他们信心十足、精神百倍，不需要在这种关键时刻再做战术上的变动，那样反而会分散他们的注意力。该队的教练说的都是些鼓励的话，让其士气再提高一个层次，最终化险为夷，赢得比赛。

◎点评

怎样来衡量一个企业管理者的管理水平呢？除了要看他的职业素养，还要留意他的下属能否具有较好的独立性。正如“伯恩斯定律”所讲的那样，“下属在工作中越是觉得自己有能力和有效率，在完成工作时就越不想听到命令和指挥。”职业素养较高的管理者，通常会培养员工的这种独立性，让他们在工作时更加有自信。

偶尔出点丑的人更可爱

在人际交往中，有一种很有趣的效应，叫作“仰巴脚效应”，指的是某人不小心摔个跟头，惹得哄堂大笑，以“自我牺牲”换取其乐融融的气氛。我们都知道，一个各方面都不突出的人，不会受到别人的仰慕；但找不出任何缺点的人，也不一定会被人喜欢。人缘好的人，往往是那些既聪明又稍带些缺点的人。

相对于那些几近完美的领导而言，下属们更喜欢不仅优秀而且真实可信的人。信赖感十足的领导，即使不小心犯些小错误，也不会让员工对他的印象大打折扣，有时反而会更喜欢他。但前提是，这样的领导在平时就要表现得非常优秀并且受人尊敬。假如平日里，员工对你的印象就不好，一旦你当众出丑，他们可能会嘲笑你。

整日高高在上、耀武扬威的管理者，很难得到员工的崇拜。不要总是追求完美无缺。偶尔犯点无伤大雅的小错误，人们反而会觉得你更可爱，更值得信任。

◎案例

一位著名的心理学教授做过一个实验，他采访了四个人，并把这些采访录像放给受测试的人观看：

第一段录像里，被采访的是一位商业大亨，在当时颇有影响力，很多人都知道他。在接受采访时，他表现得非常自信，并且谈吐优雅风趣，台下的观众掌声热烈。

第二段录像中，接受采访的同样是一位成功人士，不过他性格比较内敛，表现得有点紧张，谈到自己取得的成就时，竟然一不小心滑落了手中的咖啡，洒在主持人的裤子上。

第三个被采访的人，虽然也在其行业领域内有过出色的表现，但不像前两位那么成功。在接受采访时，他一点也不拘谨，但也没什么吸引人的地方，整个访谈的气氛显得平淡无奇。

出现在第四段录像带里的，是个普通的老百姓。在接受采访的时候，他显得异常地紧张，台下的观众们面露倦怠的表情，似乎并不愿意听他说话。不一会儿他也出丑了，弄倒了桌上的水杯，整个访谈显得非常尴尬。

看完这些录像带，教授要求观看者分别选出两个人来，一个是自己最喜欢的，一个是自己最讨厌的。很显然，第四个被采访的人肯定是最让人讨厌的，几乎所有人都选了他。但最受欢迎的人选却出人意料，有95%的人选择了第二段录像里出现的那位，而不是第一位商业大亨。

◎点评

人们之所以选择第二段录像里的成功者，是因为他已经获得了突出成就，打翻咖啡杯这样的小失误并不影响他在人们心目中的印象。而第一位商业大亨，在整个访谈过程表现得几乎无可挑剔，但也给人一种刻意表演的感觉，观众的掌声更多是出于对他的尊重，并不是由衷的喜欢。因为我们都知道，这个世界上根本不存在完美无缺的人，你越是想表现得最出色，就越容易让人们对你产生距离感。

管理者如何应对攻击

一个新上任的管理者，会有极大的可能受到他人的攻击。在企业的正常经营中，管理者也常会遇到有敌意的人对自己进行攻击。如何应对这种情况，是对管理者的一个考验。那么，管理者应当怎样应付与自己密切相关的冲突呢？

1. 坚持自己正确的立场

当管理者以诚恳、直接并且恰当的方式表达出自己的要求、观点和感受后，攻击者的攻击行为一般便会出现两种消极的反应——反击或者逃离。因此，在面对他人的攻击行为时，自己切不可盲目地进行反击，因为你的攻击行为可能导致新的攻击行为出现，并且不论管理者的攻击行为是否出于自卫，都会导致手下部分员工不满，甚至使员工们的士气下降。因此，这种行为不能帮助你实现与员工的协调合作。管理者在捍卫自己权利的同时，要注意采取稳重灵活的方式。

2. 表达主见

通常，如果管理者表现出有主见的行为，便可以对他人造成影响，并且使他人产生积极的反应。而有主见的陈述往往具备以下特征：简洁、明快且切中要害；以决定的口气表述自己的主见，例如使用“我认为……”“我相信……”“我觉得……”一类的词句表达你的观点。

同时，提出问题可以让你更好地了解他人的观点，掌握对方对你的行为的反应方式，从而合理且有说服力地指出对方的错误。还要注意坚持自己的主见，不要让自己被过多的意见所左右。

在表述自己的观点和意见时，要表明你并非不能接受不同的观点，只要对方的观点是正确的。如果有必要，还要以平心静气的态度告诉对方：他的行为在你的身上产生了负面的感受，然后向他提出建议，告诉对方自己会喜欢哪种行为。

最后，向对方礼貌并且坚定地指出他们的行为会产生怎样的后果，表明你的权威是不容蔑视的。

3. 对付攻击

面对他人的攻击时，首先要平静下来，不要冲动。要清晰、有条理地表达出你的意见。如果这时攻击者仍然不肯终止攻击，作为管理者的你千万不要揭攻击者的短。当人们认识到你并没有以攻击的方式进行反击，并且感到自己原本的行为并不合理时，他们通常会反省自己的鲁莽行为。

如果所有的方法都失败了，那么建议管理者先暂时将这件事放一下，采用冷处理的方法，等对方冷静一段时间后再重新讨论。

4. 影响攻击者

管理者要相信自己，相信自己的行为，并且毫不犹豫地、自信地表达这些观点，以此改变攻击者的态度，从而影响他们。通常影响攻击者的方法有以下四种：

（1）强调。清楚地表达你的看法。

（2）说服。采用事实、逻辑、推理来表达自身的观点，用理性说服别人。

（3）植入。首先引出对方的看法，表明自己可以理解他们的想法，赞扬他们好的主意和建议，并且在适当的时机加入你的观点。

（4）吸引。热情地表达自己的主意，让别人感到他们处于一个令人振奋的项目之中。

◎案例

张辰是某公司新任市场总监。在一次部门会议上，他提出了下一季度的工作规划，但一位老员工当面反驳，他的规划并不符合公司的实际情况。这样的当面顶撞让张辰一时手足无措，阴沉着脸，一言不发。

之后，张辰开始给这名老员工穿小鞋，对他总是一副不温不火的态度。其他员工都加薪、升职，就是没这个人的份。这个老员工几次向张辰抗议，但他都置之不理。几个月后，对方被迫离开了这家公司。

◎点评

作为一名管理者，尤其是新上任的管理者，对可能发生的冲突要做好充分的心理准备，保持冷静的头脑，从容地应对针对自己的各种攻击行为。这种情况，考验的是一名管理者的应变能力和驾驭下属的能力。只要应对得体，非但不会恶化上下级关系，反倒有助于树立自己的威信。

遇到攻击后，先是惊慌失措，事后又耿耿于怀，对下属打击报复，这是不明智的做法。即便达到了自己的目的，也会损害自己在企业中的形象，被同事们视为心胸狭隘的人，缺乏管理者应有的魄力和风度。

面对冲突，保持中立

首先，管理者要认识到，在组织中，冲突是由于集体与个人的目标、价值观等不能协调一致而引发的，是无法避免的。如果一个组织中的所有成员对每一件事都表示附和或同意，那么这样的组织也是缺乏活力的。

管理者面对冲突的态度最好从以下 3 种方式中进行选择：

1. 管理者要明白，企业内部发生冲突是一种不利因素。如果不加制约，任由冲突发展，会对组织本身产生消极的影响，甚至可能会给企业带来极大的伤害。所以，应当避免冲突的发生，将可能发生的冲突消灭在萌芽状态。

2. 企业的管理者面对冲突时应当采取接纳的态度，要认清冲突存在的合理性，要明白冲突是人际关系中不可避免的现象，并且能够巧妙地将冲突进行转化，将不利的冲突转化成可以给企业带来利益的契机。

3. 由于现代企业的管理体制已经日趋完善，因此，冲突发展成为暴力的情况已经大大减少。人际关系理论已接纳冲突，并且鼓励良性的冲突。管理者应当从过分融洽、和平、安宁的组织气氛中察觉到对企业不利的因素。因为这种状态会导致组织反应迟钝，对变革持消极的态度，最终会使企业失去活力，在日益激烈的市场竞争中被淘汰。因此，管理者应当对良性的冲突持鼓励的态度，使企业不断创新，保持旺盛的生命力。

◎案例

薛亮是某公司的部门主管，他与部门里的员工小刘是铁哥们儿，下班后经常一起喝酒。小刘跟部门里的另一名员工小黄不和，因为工作上的事情经常发生争执。起初，薛亮还尽量保持中立的态度，设法调和两个人的矛盾冲突。但随着小刘跟小黄矛盾的升级，薛亮的态度开始发生改变。

薛亮在内心里认为，小黄表面上是针对小刘，但实质上是针对自己，他处处跟小刘针锋相对，其实是在间接地挑战自己的权威。一次，这两个下属因为一份计划书再次争吵起来，薛亮态度鲜明地支持小刘，对小黄进行了严厉的批评。从那以后，只要两个人发生冲突，薛亮总是站在小刘一边，即便小刘的观点并不客观，他也是袒护自己的哥们儿。小黄看到这种局面，心灰意冷地离开了公司。

◎点评

作为管理者，不能对企业中员工与员工之间、员工与领导之间产生的摩擦和冲突置之不理，但应当适时地保持中立、沉默，这样便会产生“此地无声胜有声”的效果。千万不要盲目地做出决断，不能显示出你对哪一方的偏袒。保持一个公正、中立的立场，针对引起双方冲突的因素，要客观地进行解决。

在处理员工之间的矛盾时，保持中立并不是让你在矛盾中充当和事佬的角色，或者干脆对他们之间的矛盾视而不见，任凭事态发展。管理者的中立立场应当具有建设性，要有助于矛盾的化解与问题的解决。

做下属的榜样

如果有人问你：“领导的用处是什么？”你也许会回答：“带领员工为企业多做贡献。”但这不是一句话就能解决的，它要求你以身作则，如果连这个都做不到，你就会被骂作“徒有虚名”。

当然，好的评价也是有的，有些领导就能获得“身先士卒”的赞美。这样的赞美是一个敢为人先的领导用不畏艰险、勇于挑战换来的，他在管理实践中真正起到了表率的作用。只有敢于走在下属前面的领导，才能有效地把下属的活力调动起来。相反，如果总是畏畏缩缩，就无法掩饰自己的无能和懦弱。

身为领导，要记住这样一句话：领导者应该是被学习的榜样，而不是被口头赞扬的对象。以身作则并不是每天大张旗鼓地喊几声口号就能做到的，拥有一身的真才实学永远比口号更加有效。在别人心目中树立学习的榜样，本身就不是一件容易的事情，它要求你不断地进行自我强化。

同时，领导应该控制好自己的脾气，不要总是动不动就火烧眉毛。有些人认为，发脾气也是对工作充满热情的表现，至少其出发点是好的。其实，无论是在心理学领域还是管理学领域，激情永远离不开乐观的支配，发脾气的出发点固然是好的，但不能以此作为员工的榜样。试想一下，假如公司内部所有人遇到问题首先都是发脾气，谁又能站出来解决问题呢？作为他们的上司，你必须表现得沉着冷静并且言行一致，否则你就不可能得到他们的信任和尊重。

◎案例

本田公司总裁本田宗一郎就是一个敢于身先士卒的典范。一次，为了顺利签到一笔国外大订单，他特意在大阪最有名的一家餐馆宴请外商。

席间，一位客户在上洗手间时不小心把手表掉进了坐便器里。本田听说这件事后，一个人跑进洗手间，脱掉外套，帮这位客户找到了手表。之后，本田宗一郎还亲自将手表冲洗干净并且消了毒。即便如此他还是不放心，又开车去了一家钟表店，请那里的修表工仔细检查，确保完好无损后才将手表交还客户。本田的行为感动了这些外商，他们很爽快地和他签了合同。

作为有名的大企业老板，本田宗一郎原本可以让自己的下属处理此事，但是他没有那么做。他把最棘手、最尴尬的事扛在了自己肩上，为下属们亲自做示范，让员工们明白：想要有收获，首先得付出。

◎点评

领导所表现出来的力量和信心，或者忧虑和缺点，都会在组织里放大，影响众多下属的行为。所以，领导们要以自己的言行为下属建立一个标准，让自己成为一个模范，供他们去学习，这也是一个管理者无法逃避的义务。

盖好你的“屋顶”

鲁迅先生在 1927 年的时候，写过一篇名为《无声的中国》的文章。他写道：“中国人的性情总是喜欢调和、折中的，譬如你说，这屋子太暗，说在这里开一个天窗，大家一定是不允许的。但如果你主张拆掉屋顶，他们就会来调和，愿意开天窗了。”鲁迅先生的这一见解，后来被心理学家归纳为“拆屋效应”。在现实生活中，经常可以见到这种现象。

心理学上是这样解释的：A 想要得到 B 的东西，B 通常会提出很多要求，比如拿什么东西作为交换，这种要求通常是比较苛刻的，逼迫 A 答应。我们拿两种情况做一下对比，第一种是 B 先提出一个较高的要求，然后提出一个较容易被接受的要求；第二种是 B 直接提出后面的要求，哪一种情况下 B 能得到较高的回报呢？答案很显然是第一种。正常情况下，人们总是不愿意连续两次拒绝同一个人，第一次拒绝一个人的时候，你会对被拒绝者有一种愧疚感，所以他再次向你提出要求时，你会尽可能地让他得到满足。交易的目的就这样达成了。

拆屋效应通常被运用于谈判中，有时是企业对客户，有时则是企业对员工。在职工交流会上，员工出于种种不满，往往会提出一些让领导们很难接受的条件，这些条件看上去似乎是蛮横无理的。他们并不是不想谈下去，只是一种谈判的策略而已。这种策略非常有效，领导们通常处于被动的地位。但我们要记住，这只是“拆屋”阶段，他们的真正目的是要你给他们“开天窗”。

管理者们要避免身处这种尴尬的境地，就必须在平时多注意员工的思想变动，为他们排忧解难。用“拆屋效应”来说，就是在他们提出拆掉整个“屋顶”之前，你应该先把他们需要的那扇“天窗”打开。

◎案例

刘小姐是一位连续几年的销售精英，有一次上班的时候迟到了，错过了一个大客户，部门经理听说后把她狠狠地训斥了一番。刘小姐颜面尽失，气急之下甩手就冲出了办公室。不过，没多久她就认识到不能丢掉这份工作，掉头回来了。部门经理也已经心平气和，不再追究刘小姐犯下的错误了。

◎点评

在这里，冲出办公室实际上就相当于“拆屋”。刘小姐毕竟是一个优秀的员工，只是偶尔犯了这一次错误，她若走了，公司就少了一位人才。刘小姐回到办公室的行为其实就是为双方开了“天窗”，她知道自己不想丢掉这份工作，也知道部门经理不愿失去人才，可谓一举两得。实际上这就是“拆屋效应”，只不过刘小姐比部门经理用得好。

认清你的错误行为

每个管理人员都会有这样或者那样的错误行为，为了企业也为了自己，我们应当坚决改正这些错误。首先，我们要做的是找出那些错误的行为。这些错误的行为都是具体的，它们每天都会发生在许多人身上，而且通常都发生在与人交流的时候，会极大地危害你在职场的生存。因此，在与他人交流的时候，你要时刻注意并避免这些行为。具体来说，这些行为包括：

1. 过强的求胜欲望，即不论什么情况，无论是否值得，都要不惜一切代价去打败对方。

2. 每次讨论的时候，不管有没有必要都要发表一番自己的见解。

3. 过于喜欢点评，即不论对方说得是不是有道理，总要评论一番，喜欢将自己的标准强加于人。

4. 经常发表破坏性评论，即为了让自己的话听起来更加深刻，总是语含讥讽。

5. 喜欢用否定式过渡词开头，例如以“不”“但是”或“可是”来开头，当你这样说的时候，相当于在告诉对方“你错了，我才是对的”。

6. 总是不断地用语言或者肢体语言告诉周围的人：你比他们想象的要聪明。

7. 时常在愤怒的时候与人沟通，将情绪波动当作一种管理工具。

8. 故作高深，比如常对人说：“让我来告诉你这样做为什么不行。”或者喜欢用自己的负面思维去影响周围的人。

9. 不懂得赞赏，不懂得表扬或激励别人。

10. 喜欢抢别人的功劳，即习惯性地或者有意识地高估自己在某项工作中的作用。

11. 喜欢找借口，即为了给自己的行为开脱，总是将自己的坏习惯归结为无法改变的原因。

12. 面对失误，总是把责任推卸给过去或者他人，以掩盖自己的过失。

13. 作为领导者，不能公平公正地对待周围的人。

14. 拒绝为自己的行为承担责任，不愿承认他人已经被自己的行为影响。

15. 不懂得怎样去倾听，这是对同事最大的不尊重。

16. 不懂得感激他人，这是在人际交往中最缺乏礼貌的一种坏习惯。

17. 错误地攻击那些本来想要帮助你的人。

18. 为了让自己免受责罚，总是将自己的过失推卸给其他人。

19. 总是强调“我就是这样一个人”，把自己的缺点看成自己的个性甚至美德。

必须承认，当我们将这些恶习一一列出时，你会感到这是极其可怕的。试想一下，如果身边的同事有这些恶习，谁能在这样的工作环境中待下去呢？但实际上，这种情况是我们必须面对的。值得庆幸的是，这些恶习大都比较容易克服。

在下面的章节中，笔者将会对其中的一些恶习展开深入的分析，并给出相应的建议。

控制好你的求胜欲

我们只要观察一下成功人士便会发现，他们身上都有一个极为普遍的问题，就是他们大都拥有强烈的求胜欲望，总是想在任何事情上都要赢。竞争意识和咄咄逼人是有明显界限的，但许多成功人士乃至普通人却总是跨越这条明显的界限。

在这里，有一点需要澄清一下，笔者并非反对竞争意识，而是认为一旦我们过度地追求竞争，或者为了那些根本不重要的事情而挤破脑袋，竞争意识就变成了缺点。而且，几乎其他所有的行为缺点都是由这个缺点引起的。

喜欢与他人争论，是因为希望别人能够接受自己的看法；贬低别人，是因为在无意间感觉对方不如自己；不喜欢别人，是因为总是想要成为胜利者，总是想要让别人在自己面前变得无足轻重；出现对某些人的偏袒，是因为这样可以建立同盟关系，让自己这一方拥有一定的优势。

在生活中，当某件事情的胜负变得至关重要时，我们想成为赢家自然没有错。但是当一件无足轻重的、根本不值得为其投入时间和精力的事情摆在面前时，如果还想成为赢家，这便会对我们产生不利的影响。对于那些事业已经达到巅峰的人来说，更是这样。

在参加会议的时候，我们希望所有人都能够接受自己的建议。甚至在超市排队的时候，都想插入一个结账速度最快的队伍。有时，为了取胜，我们甚至会不顾及别人的感受，哪怕这个人是我们的至亲。

总之，人们之所以会做出这么多令人讨厌的事情，最主要的原因就是：人们总是在毫无意义地追求成为第一，成为胜利者和赢家。

◎案例

一天，父亲在与自己10岁的儿子打篮球。很明显，双方的力量并不均衡，可以说差距是巨大的：父亲比儿子高出50厘米，比自己的儿子重了50多公斤并且多接近30年的经验。这注定是一场不公平的比赛，当然，这位父亲带他的儿子出来也不是为了比赛，他只是想帮助自己的下一代更好地成长，也为了能让自己放松一下。

刚开始的时候，父亲还没有忘记今天出来的目的，不断地为儿子创造机会，他们玩得十分开心。但是不知道什么时候开始，场上的情况发生了变化，父亲求胜的心态开始发挥作用，他开始关心与自己10岁儿子的比分了。每当儿子拿球的时候，父亲便会积极地进行防守。最终这位身强体壮的父亲获得了胜利，而他10岁的儿子则委屈地哭了起来。

◎点评

这个故事是真实的。由这个故事我们可以看出，求胜的欲望是多么让人难以理解。这位父亲让我们看到，一个拥有求胜欲望的人，即便是在面对自己至亲至爱的人时，也还是想要取得胜利，哪怕这次胜利并不那么重要，哪怕这次胜利会伤害到他人。

如果说求胜欲望是使人们走向成功的重要因素，那么过分强大的求胜欲望就是阻挡我们进一步取得更大成就的障碍。只有认清自己的缺点，并愿意尽力克制自己，我们才会变得更加优秀。

发表意见要把握好度

过分地喜欢发表意见是聪明人经常展现出来的一种非常明显的求胜欲的变体。对于那些成功的、总是主持大局的管理者来说，这样做已经成了他们的习惯。这些领导者都是聪明人，他们清楚地知道，时代已经不同了，手下的员工可能在某些专业性的问题上比他们更加精通，但是这些多年来养成的习惯难以改变。他们难以抑制自己的表达欲望，往往会在发现自己可以插上几句话的时候，跳出来提醒对方："我知道一个更好的解决方法。"

想象一下，如果你是一名高层的管理者，我在向你提出一个你同样认为很好的创意时，你没有夸奖、鼓励我，而是对我说："还不错，但是如果可以这样做的话，效果会更好一些。"看起来并没有什么问题对吗？可是通常情况下，你在我的创意的基础上改进了10%，却把我的积极性降低了20%，因为这会让我觉得这个创意根本不是我的，它已经变成你的创意了。

因此，当我走出你的办公室的时候，我已经没有进去时的那股冲劲了。这就是没有限制地发表自己意见的危害，虽然你提出的意见可能会让这个创意更加完善，但是你的员工的积极性却可能因此大大降低，这样最后的结果可能也不是最好的。

当然，我们并不是让领导者在与下属谈话的时候三缄其口，我们要说的是，在一个组织中的职位越高，就越需要让别人成为赢家，而不是只关心胜利是否属于自己。

◎案例

姜维是某机关的处长。他业务熟练，工作勤奋、有魄力，处事果断，关心下属。总的来说，姜维是个比较称职的领导。但在姜维手下工作的人总是打不起精神来，有种无能为力的挫败感。这一方面跟姜维本人太能干、太强势有关系，另一方面是因为他和下属打交道时的一些细节。

每当下属带着自己的想法去找姜维的时候，起初他表现得很好，耐心地倾听，然后肯定下属的好主意。就在这时候，姜维的口头禅就冒出来了，“但是，如此这般是不是更稳妥、更有效率”。这一个“但是”就像一盆冷水一样，扑灭了下属的满腔热情，所以，每次的结果都是下属闷闷不乐地离开他的办公室。

◎点评

作为管理者，你应当留意自己是怎样对别人进行鼓励的。如果你发现，当自己告诉对方“这个想法很好”后，本能地想要加上“可是”或者“不过”的时候，一定要克制住自己的这个冲动。或者在开口说话之前，深呼吸一下，考虑自己的这些话是不是一定要说。当养成在说话之前深呼吸的习惯之后，你会发现自己至少有一半话应当被咽回去，而不是说出来。

如果你总是要应对求胜欲望过强的上司，我们能给你的唯一的建议就是，相信你自己的专业知识。你应该尊敬你的上司，但是在工作中一定要坚持自己的正确立场。

掌握点评别人的技巧

不知道大家有没有注意到，即便是在非常浪漫、非常温馨的环境中，当人们表达一些私人的看法时，我们还是会忍不住想要点评一番。我们会从各个角度来对对方的观点进行点评。例如我们自己的看法、别人的看法等。

在进行工作的讨论时，表达自己的意见没有什么不对。毕竟我们与他人讨论的目的就是征求更多的意见和看法，当然想要别人坦诚地表达自己。但是，我们要注意的是，不应该对对方的回答做出过多的评价。相信大部分人都遇到过这样的情况：当我们表达出自己的观点时，如果对方只是在他们有疑问的一个点上提问，我们会相当乐意进行详细的讲解。但是如果对方针对你的想法做出长篇大论的点评，相信你的心情并不会那么美好。

世上没有哪个人是喜欢被批评的，不论你的方式有多么委婉。因此，那些喜欢批评别人的人总是会被人“拒之门外”。尤其是当对方想要对你提供帮助的时候，如果你还是对对方的意见品头论足，那么结果就只有一个：他们再也不会帮助你了。

打个比方，如果你的腿骨折了去看医生，医生是不会关心你是怎么将自己弄骨折的，他们只关心怎样才能将你治好。所以，当别人想要帮助你的时候，你也需要医生的这种中立的态度。实际上，这个方法可以运用在生活的每个角落，无论是对上司、下属、同事还是亲人。只要有人对你提出了建议，不论你的心里是怎么想的，你所要做的就是听对方把话说完，然后告诉对方“非常感谢”就可以了。

你可以试着这样做一个星期，不论心里做出了怎样的判断，都不要发表自己的看法。如果你实在没有办法感谢对方，那么说一句“谢谢你，我会仔细思考你的话的”。当一个星期过后，你会发现，不论是在家里还是在工作中，你与别人论辩的次数都会大大地减少。

◎案例

一位上司在开会的时候提出了一个问题，征求大家的意见，在大家发表完意见后又进行了逐一点评。他对第一个员工说：“这个想法不错”；对第二个员工说：“你的想法也不错”；但是没有对第三个人的意见做出任何评价。

结果，第一个人很开心，因为上司认同了自己的观点；第二个人稍微有些高兴；最后一个人则觉得有些怅然若失。

◎点评

经过这次的讨论，有两件事情可以得到肯定：

1. 会议室中所有的人都注意到了这位上司的态度。

2. 不论这位上司有多好的用意，他所做的不是接受别人的答案，而是在给每个人打分。这样做造成的结果就是：下属再次回答问题的时候便会更加小心，为了防止出现失误，会更加不愿意表达自己的意见。

尽量避免发表破坏性评论

许多人在与他人交往的时候，总会发表一些具有破坏性的评论。比如我们会有意无意地发表一些比较刻薄的言论，这样做的结果除了让听到你的言论的当事人痛苦之外，没有任何意义。

在生活中稍加留意便会发现很多这样的情况，比如你在开会时，无意间说出一些伤害别人的话；或者你会无缘无故地夸奖别人的领带很漂亮，但实际上他的领带上有一块污渍；或者将别人的旧账翻出来，对那些别人早已忘记的陈年旧事大肆攻击等。

现在你试着回忆一下刚过去的24小时中都发表过哪些破坏性的评论，是不是什么都想不起来？事实就是如此，我们经常会在不假思索的情况下做出破坏性的评论，然后忘得一干二净。但是被你评论过的人却会铭记在心。不信的话你可以调查一下，大部分人都会对别人曾经对自己做出的评价记忆犹新。也就是说，我们可能根本感觉不到自己曾经对别人发表了破坏性的评价，但别人并不这么认为。

而且，这些话一旦说出口，就没有办法收回了，不论你多么真诚地向对方道歉，你对别人造成的伤害已经成为事实。即便对方接受你的道歉，他们也会将你的评论记在心里。

那些喜欢标榜自己“开诚布公”的人更容易养成这个坏习惯。这种“开诚布公”在很多情况下会变成一种攻击别人的武器，人们经常打着这个幌子去攻击别人，无论是不是有意的，这都会成为你改正这个坏习惯的障碍。就算你真的是无意间发表了一些破坏性的言论，被攻击的人也不会真正原谅你。所以问题不在于你说的是不是真话，而在于你这样说是不是值得。

现在请回想一下，我们是否每天都会花相当长的时间去考虑哪些话该说，哪些话不该说呢？在日常生活中，我们有时甚至需要说一些善意的谎言。如果一个人穿了一身新的衣服，你就不可能直接告诉对方：“你的衣服真难看，像个土鳖一样。”你的破坏性言论不会让你的社交行为变得更加顺畅，在某些情况下，我们甚至需要极力避免那些破坏性的言论。例如，我们不可能当着上司的面告诉他他很蠢。

◎案例

办公室里的宗原是一个车迷，碍于囊中羞涩，每天只能望车兴叹。省吃俭用存了几年的钱，买了一辆二手的面包车。车虽然旧点儿，但宗原的兴奋之情溢于言表。周末，他约上办公室里的几个同事到郊外踏青。一路上欢声笑语，玩得比较尽兴。但在回来的路上，车子不知道哪里出了故障，半路上熄火了。宗原手忙脚乱地修理，急得一头汗。其他人都在耐心等待，只有年纪最小的谢娜不高兴了，脱口而出："什么破车啊？尽耽误事儿。要买就买辆新的嘛！"

宗原听了，脸色当时就变了，就要发作，周围的人马上出来救火，抢着批评谢娜，"你怎么这么说话？枉费了宗原一片好心""就咱们那点工资，弄辆车容易吗？宗原够能干的了""你瞅你这张嘴，也没个把门的"……谢娜一言不发。车修好了，宗原说什么也不让谢娜上车，大家苦口相劝，把谢娜拉上了车。一路上，其他人都有说有笑，唯有谢娜坐在那里一言不发，十分尴尬。

◎点评

控制自己不要随意说出破坏性言论，不只适用于工作场所，也适用于其他情况。当你想要挖苦别人时问问自己：这么说值得吗？这么说会对我有所帮助吗？这么说是否会对他人有所帮助呢？如果答案是否定的，那么闭上嘴巴就是最好的选择。

不要将否定式过渡词作为开场白

当你用否定式的过渡词开头时，不论你的语气多么友好，你向对方传送的信息只有一个：你错了，我下面要说的话才是对的。这不是在告诉对方"我并不同意你的观点"，而是在非常直接地告诉对方：你是错的。试想一下，这句话说出以后，它会给你们后面的交谈带来什么积极的影响吗？

如果有人对你这么说，你的第一反应恐怕是“集中注意力，准备反击”以此来捍卫自己的立场。也就是从这一刻起，你们之间的交流就已经变成了一场毫无意义的争论。这并不是通常意义上的交流，而造成这一切的起因就是用否定式的过渡词开头。

类似的事情每天都在发生着，不论是在同事之间还是在朋友之间。哪怕坐在公交车上听两个人交谈，你都可以很容易听到有人在用这样的方式进行交流。如果你愿意，可以试一下这个实验，它可以让你更好地意识到这个问题：抽出一个星期的时间，准备一个小本子，当听到同事或者朋友在开头时使用“不”“可是”“但是”这三个词其中的任意一个，便给他们记一分。一个星期之后，你就可以明白这三个词在人们日常生活的对话中使用的频率有多高了。当你看着高高的分数时，一定会对你记录的结果感到震惊。

◎案例

乔骧是个性格开朗、热情洋溢的小伙子，手脚勤快，工作积极，不管是哪个同事遇到问题，他都会二话不说地上前帮忙。同事们却并不怎么喜欢他，虽然也挑不出什么毛病，但大家就是不愿意和他打交道。

原来，乔骧有个不好的习惯，不管是跟谁说话，同事也好、领导也好、外面来的人也好，只要对方话音刚落，他就接过话茬，而且头两个字一般是“但是”。说话的人本来还兴高采烈，被他的“但是”一打击，立马脸色骤变，活跃的气氛马上就被乔骧破坏了。

◎点评

人们之所以会在交谈中使用这些否定性的词，最根本的一个目的就是巩固自己的权威。同样我们还会发现，两个人在交谈的过程中，如果有人使用否定式的词语作为开头，他们之间的谈话便会很快陷入僵局，因为谈话的另一方很容易在心里产生一种抵触的情绪，使交谈没有办法顺利地进行下去。举个简单的例子：如果有人对你说“你说的是没错，但是……”时，你会怎么理解？一定是“你根本就不同意我的看法”或者“他又要开始反驳我的观点了”。

想要改掉这个毛病，就不要再为自己的立场进行辩解，要克制住想“证明”自己的强烈冲动。只有这样，才能更好地维护办公室的工作氛围，使自己和他人更好地工作。

千万不要滥发脾气

许多人都将愤怒当作一种有效的管理技巧，认为愤怒可以刺激那些无精打采的员工，可以提高员工的士气。是的，没错，管理者的愤怒有时的确可以做到这些，但是在你提高了员工士气的同时，你又需要付出什么代价呢？

要知道，情绪的波动并不是可靠的管理工具。因为当人类生气的时候很容易失去控制，而当一个人失去控制时便很难有效地去对下属进行管理。你可能觉得，偶尔发发脾气可以激励下属，可实际上，任何人都没有办法预测下属对你的愤怒会做出怎样的反应。所以，在许多时候，上司的这种情绪波动不但不会激励员工的士气，反而会让他们陷入迷茫的状态。

通常在工作中，人们总是特别留意那些经常发火的同事，虽然他们也有许多其他的优点，但是仍然无法阻止我们将其看成一个爱发脾气的家伙。所以每当提到他们的时候，人们通常的反应都是“我听说他很爱发脾气”。而这种形象一旦确定下来，便很难得到改变。如果想要改变这个形象，往往需要花费几个月甚至几年的时间。

◎案例

一位喜欢发脾气的父亲找到一位心理医生，向他求助。心理医生在得知这位父亲的来意后，便让这位父亲回想一件让他发火的事情。这个父亲本能地想到了自己的儿子，一天回家，他发现自己的儿子竟然染了一头的黄发，甚至还想要打一个耳洞。在那个相对保守的城市里，这可以说是一件考验他忍耐力的事情了。

这时心理医生引导着这位父亲开始回想当时自己生气的真正原因，最后这位父亲发现，真正让他生气的，不仅仅是儿子染头发的这个举动，而是别人看到这个孩子心里会怎么想——“这个孩子真没教养，他的父母是怎么教的啊？”然后又担心自己的朋友看到后会怎么想——“我真不敢相信，他居然让他的儿子这样招摇过市！”

心理医生问他，你生气的时候更多的是在关心谁呢？是你的儿子还是别人对你的看法？经过分析，这位父亲突然发现，让自己发火的真正原因竟然是自己。

◎点评

如果你是一个很容易发脾气的人，并且想要改正这个缺点，那么办法也很简单，就是闭上嘴巴，这样别人便无法得知你的心里到底在想什么了。当然，要想做到这一点并不是一件容易的事情。但是你要明白，让你愤怒的原因有时并不是来自你的下属而是来自你自身。

所以，下次你再想发脾气的时候，不妨先仔细想想，你真的完全是因为工作需要而大动肝火的吗？相信你这时会发现，真正让你陷入愤怒的原因并不是来自外界，而是来自你内心深处。

坚持正确的原则

英国有位知名的教育家叫洛克，他曾经说过："对待学生我们应该少定一些规矩，一旦你定下了规矩，就得严格执行，但要保证这些规矩或原则是正确的。"

俗话说："没有规矩，不成方圆。"在企业中制定各种各样的规定总是不可避免的。但制定怎样的规定才能让企业更好地运营起来，是考验管理者智慧的。规矩定得越多，越容易让人觉得无所适从，所以规矩还是少定为好。较少的规定通常会给员工们一个较大的个人舞台，他们的积极性和创造性才能充分发挥出来，进而使企业的产出效率得到提高。

规矩少不等于不重视员工的工作态度，也不等于要求管理者放弃自己的原则，正确的原则还是应该坚持的。规定如果不能得到严格执行，那还不如没有。做最合适的规定，执行时做到最严格，才能保证成功。

另外，没有有效的监督，管理部门制定的条例就形同虚设。监督是管理者的一把利剑，它能让员工们工作时满怀热情并有紧迫感。

◎案例

古时候，7个穷人住在一间屋子里，经济拮据的他们每天只能喝粥度日。为了尽量多喝一点，他们每天都要为这锅粥争得不可开交，每个人都觉得分得不公平。

为了解决这个问题，化解各自的矛盾，他们想出一个办法，从7个人中选一个品德高尚的负责分粥。刚开始，这个人的确分得很公平，可过了没几天就开始偷奸耍滑，趁人不注意就多往自己碗里加。猫腻被人看透后，大家要求换人，但不管怎么换，负责分粥的人碗里总是最多的。

于是，他们又想出轮流分粥的办法，每天换一个人，正好一个星期一个轮回。但后来他们无奈地发现，每个星期只有一天能吃饱饭，这一天也就是轮到自己分粥的那一天。这个新方法也慢慢遭到大家的反对。

最后，他们终于想出一个绝妙的方法：仍然是轮流分粥，但负责分粥的人要最后才能领粥。这个方法果然奏效了，从此以后不管谁来负责，都能分得平均，因为他心里明白，自己是最后领粥的，给别人多加了，自己的就少了！

◎点评

分粥的故事告诉我们，没有规章制度的组织就是一盘散沙。有了规定，却不严格执行，规定照样是一纸空文。只有言必信，行必果，才能做到百无一失。

中国有句古话，叫作“慈不掌兵，义不掌财！”身为一名合格的管理者，就应该把正确的原则坚持下去。尽管有时候你可能会得罪人，严重时甚至会丢掉自己的职位。但假如你没有坚持推行自己的政策，你同样也会身败名裂。赢得下属的尊重不是一件容易的事，需要你具备无私的精神，客观公正地执行正确的规定。

领导之间要相互信任

古人有“高处不胜寒”之说，其实也可以拿它来比喻企业中的高层管理者的处境。高级主管就好比是政府里的高级官员，都是响当当的大人物。人们通常很羡慕这样的管理者，有些人长期供职于同一个企业，所以把有朝一日当上高级管理者作为自己的目标。追求权力是人们的自由，但权力是用来为企业服务的，地位越高，你的工作难度就越大，只把掌权作为目标未免落入了俗套。

在商界，夺权现象早已成为客观存在的事实。也许权力的威力比金钱还要大，管理者们利欲熏心，夺权的手段越来越隐蔽，甚至极其险恶，到了令人发指的地步。高层之间你来我往的“信任”，也随之变成“虚情假意”。

当然，我们也不能以偏概全地认为，高级主管们不能互相信任，单单只是为了夺权，还是要具体情况具体分析的。一般而言，高层之间失去彼此信任的原因有以下几种：

1. 同一个岗位上，副手的能力高于主管，经常做一些喧宾夺主的事情，导致“一山不容二虎”的情况发生，两人经常有斗争。

2. 不同岗位上的两个主管，为了博得上司的厚爱，彼此干涉“内政”。为了不让对方超过自己，他们处处设防、阳奉阴违。

3. 不满于利益的分配而产生了分歧，但苦于无法向上司正面交涉，为了争夺利益两人或多人之间从此结了仇。

4. 英雄难过美人关。两位男主管喜欢上同一个女职员，并且不断地传出绯闻，男人之间的醋坛子碎了，翻脸不认人。

其他原因还有很多，这里不再赘述。总之，在企业组织中，如果领导之间的合作关系都没有处理好，就谈不上管理好各自的下属，整个企业的命运就值得担忧了。

◎案例

一个国家级的森林公园里，养着一只奇怪的鸟，这只鸟长着两个头，饲养员给它起了一个有趣的名字——“共命”。这只鸟的两个头都有各自的意识，能够独立思考。不管遇到什么问题，这两个“头”都必须商量好才行，否则它们共同使用的翅膀就会不听使唤。

有一天，这两个“头”因为一点小误会大吵了一架，谁也不理谁了。敌对的情绪越来越重，甚至无法生活在一起。其中一个“头”实在忍不下去了，想和另外一个“头”和好，但对方并没有配合，两个“头”不但没有和好，反而关系闹得更僵。

后来，这两个“头”每天都为了吃什么东西争吵不休。善良的“头”提倡吃虫，不但可以增强体力，还能造福自然。邪恶的“头”则一直坚持吃野生草莓，并且总是让对方先吃，碰到有毒的可以毒死对方，邪恶的“头”好独自生存下去。终于有一天，善良的“头”被毒死了。毒液残留在体内，逐渐散布全身，将邪恶的“头”一并毒死了。

◎点评

要让许许多多看似复杂的问题得到有效处理，就要从企业的高层领导入手，这是明智的选择。很多企业管理的根源问题，都需要高层管理者们带动各自的下属才能解决。高层之间由于各种原因导致的不信任，尔虞我诈，明争暗斗，会把一个团结的企业搞得支离破碎。

活在当下，行在今日

在企业经营期间，领导者不可避免地为昨天的不顺而感到失落，他们总是耿耿于怀，对下属喋喋不休。他们也经常会对明天的美好充满憧憬，一想到这点就意气风发、热血沸腾，在企业交流会上一遍遍重复着慷慨激昂的演说。然而，当我们叹息追悔莫及的昨天，幻想遥不可知的明天时，可曾提起即将失去的今天？昨天是已经过去的今天，明天也会变成未来的今天，唯独今天是我们真正拥有的。

那么多成功的企业家，已经帮我们证实了这一点，“只有把握好今天，才能走出昨天，开创明天”。对这些成功者而言，他们把昨天当作是作废的支票，明天是暂未兑现的支票，只有今天才是现金，有流通的价值。

昨天已成为过去，想留也留不住，而明天又是现在的延续，想即刻拥有也无能为力。假如不把今天放在眼里，即使你悔过了昨天的失误，畅想了明天的辉煌，又有什么实际意义呢？所以，与其整天生活在美好的想象中，不如把那种美好带回到现实中，成为今天的动力而加以珍惜。

有一首诗说得很好：不要为昨天叹息，不要为明天忧虑／因为明天只是个未来，昨天已成为过去／未来的不知是些什么，过去的只能留作记忆／只有今天，才是你真正的拥有／今天，是你冲锋的阵地／缅怀昨天、把握今天、迎接明天／昨天是成功的阶梯，明天是奋斗的继续。

◎案例

美国有一部著名的影片——《阿甘正传》，这部电影一举拿下了奥斯卡最佳影片、最佳男主角、最佳导演、最佳剧本改编、最佳剪辑、最佳视觉效果等六项大奖。故事的主人公阿甘把握当下,并且不断地创造辉煌。

阿甘的智商只有75，在旁人眼里他是个不折不扣的傻瓜。在母亲的帮助下，他逐渐摆脱了自卑的阴影，执着甚至近乎痴迷地过着每一天的生活。为了躲避同学们的侮辱，他不得不让自己并不灵活的双腿奔跑起来。正是这种奔跑，让他顺利地升入大学，成为一名橄榄球明星，并且受到肯尼迪总统的接见。

大学毕业后他参军去了越南战场，阿甘并不介怀于别人对战争的看法，他只关注当时发生的事。这样的执着让他成了英雄，不久又受到约翰逊总统的接见……

◎点评

在阿甘眼里，昨天属于死神，明天属于上帝，只有今天才属于他。对经营企业的人而言，又何尝不是如此呢？管理好今天发生的事，才能拥有一个真实的自己。把握好今天的工作成效，才能摆脱昨天的低迷，方能获得更多的效益。

第二章

管好员工，用好人才

20 世纪 70 年代末期，人力资源管理才出现于企业管理界，因此它是一门新兴的学科。但人事管理的思想从人们广泛开始商贸活动时，就已经存在了。从整体上看，人事管理共分为两个阶段，分别是传统人事管理阶段和人力资源管理阶段。传统人事管理阶段，指的是从 18 世纪末开始的工业革命，一直到 20 世纪 70 年代；人力资源管理阶段，指的是 20 世纪 70 年代末一直到现在这一时期。

广义上的人力资源管理，指的是以科学方法为依据，对企业员工进行合理的培训、组织以及调配，从而让物力和人力保持最佳比例。具体内容还包括：诱导、控制和协调员工的思想、心理和行为，让员工的主观能动性得到充分发挥，为实现组织目标做到人尽其才。

我们可以从两个方面来了解人力资源管理工作的实质要求：

1. 表面上看，人力资源管理工作是量的管理。这项工作需要以人力和物力的变化为参考对象，对员工进行有针对性的组织、协调和培训，以便使二者都能发挥出最佳效应。

2. 究其本质，人力资源管理工作也是质的管理。因为，它时时刻刻都要采用科学的方法，有效地疏导员工的思想、心理并诱导他们的行为，从而为实现组织目标打好坚实的基础。

让员工成为有责任感的主人

管理学家洛伯在企业授权管理方面做过研究，他指出：作为一个企业的管理者，要履行自己的职责，关键不是看你在场时下属的表现，而是当你离开时他们是否可以约束自己的行为。如果你一直都只想让下属听你的，一旦你不在身边时，他们就六神无主、举棋不定了，这种现象在管理界被称为“洛伯定理”。要想在你的管理范围内避免产生这种现象，就要想办法让你的员工成为有工作责任感的主人，从而脱离对领导过强的依赖感。

上述洛伯定理现象的存在，究其根源是领导没有对员工实行有效的授权。由于担心下属的个人能力欠缺，领导总是事必躬亲，这就在一定程度上抑制了下属自由发挥的空间。

说到这里，我们有必要明确一下授权的含义。所谓授权，指的是高层领导把相关职权委托给下属的行为。其实也可以理解成“领导者不要做别人可以做的事”，毕竟个人的精力和能力都是有限的，不可能一个人就能完成一个组织要完成的全部任务，授权是为了让领导者的能力得到延伸。

有些企业是相对分权的，有些则是相对集权的，其管理方式都有可取之处，这就证明授权的程度不存在一个普遍的标准。但无论你是哪种类型企业的管理者，都必须告诉你的下属，当你不在场的时候，他们应该怎样处理好随机事件，尤其是那些关乎企业命运的突发性事件。

◎案例

20世纪80年代中期，奥地利斯太尔重型卡车技术被我国一家重型汽车集团引进，几年后斯太尔卡车开始投入中国市场。有一次，斯太尔公司一位技术员来到中国，在路过一家旅馆的时候，他发现一辆斯太尔卡车停在门口。车上落满灰尘，好像停在这里很长时间了。

他问翻译："这辆车为什么停在这儿？"

翻译回答说："这辆车是另外一家分厂制造的，发动机出了故障，找我们来修。因为任务太多，我们还没时间处理，只好先把它停在这儿了。"

那位奥地利人得知情况后，要求马上下车，打开引擎盖开始修起来。中方的负责人一再要求他先用完餐再修，但他毫不理睬，直到把发动机修好才去用餐。

吃饭的时候他对翻译说："只要是我们斯太尔牌子的车，无论是哪家分厂制造的，也不管它停在什么地方，都影响了我们斯太尔的形象，我身为斯太尔总部的技术员，有责任把它修理好。"

◎点评

一个企业在不同的层级有不同的职权，权限在不同的层级间不断地流动，所以才产生了授权的问题。授权是管理者要完成的重要任务之一，有效的授权是一项重要的管理技巧。若授权得当，所有参与者都可以受惠。

可见，授权是企业经营运作的重点，这项职务的内容要求以部分员工为对象，给予他们完成某项工作所必需的权力，包括用人、用钱以及协调等相关决策权，都应当交给下属。不仅要授予其权力，还要赋予他们完成工作应该承担的责任。

授权的同时别忘了控权

一个成功的企业领导，不仅是一个授权高手，也是一个控权的高手。

企业内部的大小事务过于繁重，领导者不能总是一个人全权负责，所以必须把一部分决策权下放给自己的下属。员工是企业不可或缺的资源，企业要真正做到量才适用，就应该多方面了解员工，选出可以担当管理者的人才，让其拥有必要的权力。有效的授权可以帮助企业组建起优秀的职工团队，让企业领导做到授权而不失控。

而企业管理者经常会有这样的抱怨：他们不敢授予核心的管理部门的员工过多的权力，因为授权可能会诱导一些损害企业利益的现象出现。比如销售部的经理自立门户，把大客户和核心的销售精英卷走；财务主管滥用职权、投机倒把、携款外逃；技术部门的主管掌握企业的核心技术后就跳槽。

这些人固然有很强的个人能力，但他们并不讲诚信，让他们掌握太多的权力，势必会干出损害组织利益的事。其实这种事情在企业中已经司空见惯，要避免出现这种现象，在挑选被授权对象时，就要谨慎地考察其品行，否则，企业领导者就等着自食恶果吧！

◎案例

有一个国王整天待在王宫里，感到无聊透顶。下臣们为了给他解闷，牵来一只猴子给他做伴。国王非常喜欢这只猴子，每天喂它很多好吃的东西，有时为了逗它取乐，国王甚至允许猴子拿着自己的宝剑。

每年的春天，王宫后面的树林里都会开出很多漂亮的花，花丛中蜜蜂们忙碌地采着蜂蜜，景色真是美极了！

这天，国王带着几个妃子到树林里游乐，他不让随从们进来，唯独留下了猴子。

妃子们逛累后，国王把她们送了回去，自己带着猴子继续赏景。半天过后，国王有点困了，就对猴子说："我要在花房里小睡一会儿。你在旁边守着，假如有人想加害于我，你就拿这把剑来保护我。"刚说完这句话，国王就睡了过去。

不一会儿，蜜蜂们迎着花香飞了过来，落在国王的身上。猴子见状心生怒火，心道："你这胆大的家伙，竟然敢对我的国王不尊！"于是，它挥手上前把蜜蜂们吓跑了。不久后，又飞来更多的蜜蜂，这回它们落在了国王的脖子上。猴子再也忍不下去了，拿着宝剑就朝着蜜蜂砍了下去，结果不小心把国王的脑袋给砍了下来。

随从们听见动静，跑进来抓住了猴子，并把它的头也砍了下来。

◎点评

故事中的"国王"是一个失败的管理者，因为他在授权时没有选择正确的对象。授权的目的是让组织能够正常运转，所以，把相关权力交给能够胜任工作的人，是授权的第一原则。

授权之前，如果领导没有对下属进行完整的评价，这样的授权就是无效的。能够胜任工作的员工往往都有胜人一筹的管理才能和智慧，这需要领导对自己的职员有进一步的了解才能确认。选错了授权对象只会有百害而无一利。

让员工明确工作目标

想让员工提升工作效率，只是一味地通过提高待遇来吸引他们是不够的，还要让他们能接受高难度工作的挑战，并为他们设定好一个较为明确的目标。人们做任何事都需要目标，有了明确的目标，才会在工作中产生压力，这是一种非常有效的激励手段。假如你的下属们对企业发展的目标一无所知，或者不清楚自己的工作职责，他们就会把自己的工作搞得一团糟，也就谈不上为企业做出多少贡献了。

让员工了解企业的目标和自己的目标，会调动起他们的工作热情，使他们很乐意将自己的努力和公司的前景做对照。有了一个可以参考的标准，也便于员工们进行自我衡量，清楚自己是进步还是落后。

如果企业的管理者连及时给下属下达明确命令都做不到，他所管辖的部门就会形成各自为政的局面，每个人都只做自己的工作，对别人不管不问，团结协作的精神便一去不返，企业也会失去良好的氛围。企业内部混乱不堪，一般不是员工的错，而是管理者自己出了问题。避免陷入这种尴尬的境地，就要做到两点：一是理顺自己的思路，二是趁早给下属制定明确的目标。

有些领导在向下属下达命令时，经常使用一些模棱两可的词，比如“你看着办吧”“差不多就行了”等。让员工“自己看着办”，他们如何明白自己该怎么办？“差不多就行了”，多少才算差不多呢？这种现象只能证明两点，要么是管理者别有用心，要么就是无能。这样的管理者要是能带领好工作团队，简直是笑谈！

在工作指令明确以后，要让其保持持续性，不能朝令夕改、左一套右一套。这样的管理作风会让下属大伤脑筋，不知道领导意欲何为。另外，还会给人留下领导制定决策过于草率的印象。因为经常会有改动，面对新下达的命令时，下属们会形成一种习惯，那就是等，等你做出改动。长此以往，领导者就失去了对下属的控制能力。

◎案例

有个小和尚刚进寺院时，被告知要遵循一条规矩，就是先撞半年的钟。长达半年的撞钟生活，简直无聊透顶。这天，他又接到住持的命令，让他负责到后山劈柴挑水。小和尚心想终于熬出头了，但他听到主持调任他的原因时，却怎么也高兴不起来。原来住持是嫌小和尚不能胜任撞钟的职位。

小和尚不服气地辩解道：“您这话说的！我撞的钟怎么就不好了？是不准时啊还是不响亮啊？”

老住持耐着性子解释说：“让你撞钟是为了唤醒沉睡中的芸芸众生，你撞的钟的确很准时，也够响亮，只是缺乏悠远厚重的气势，所以也就没有感召力了。”

小和尚无言以对，只好乖乖地去后山劈柴打水了。

◎点评

我们不谈住持的话里包含多么高深的智慧，单从职务任免这个角度分析，在小和尚“做一天和尚撞一天钟”之前，住持并没有告知小和尚明确的工作目标和规范标准，小和尚自己也是一头雾水，所以在反复敲钟时才会觉得无聊，消极怠慢。假如提早让小和尚明白撞钟的标准和重要性，相信他总有一天会撞出“悠远厚重的气势”。

让你的员工参与决策

你是否觉得比自己的员工聪明很多？如果是，我们相信你还会觉得，你比所有的员工加起来还要聪明。假如你对这样的推断没有异议，只能证明你太狂妄自大而抛弃了集体的智慧。

在现实中，有不少企业的管理者都是这样。通常情况下，关乎企业发展大计的决策，都是企业高层几个人就定下了，不管员工们的想法，直接在企业内部推行，员工们一头雾水，不知道领导们意欲何为。这样的决策通常不会顺利地实施下去，即便持续了很长时间，也无法取得领导者所期望的效果。因为他们没有意识到，员工的参与才是企业决策有效贯彻的核心。

这样讲是有事实根据的。美国阿肯萨斯大学教授莫丽·瑞珀特为验证员工参与决策能否推动企业发展，做过一次调查。他让一家公司的所有全职员工都参与了这项调查，81% 的人全程配合完成了本次调查。

瑞珀特教授把调查结果分成参与组和限制组。参与组员工平时经常参与公司决策的制定，对自己的工作也觉得很满意，其战略远景较为清晰。而限制组的成员们不被允许参与公司的决策问题，他们经常对自己的工作感到厌烦，其战略远景是模糊不清的。可见，员工对自己的工作是否满意，与是否能够参与公司相关决策的制定有着直接的关系。

◎案例

现如今，国内外多数企业已经认识到让员工参与决策的重要性，相继推出较为科学的管理方式，并且取得了可喜的效果。美国的通用电气公司就是一个很好的例子。

1981 年，杰克·韦尔奇接任总裁后，认识到公司的管理人员已经数量过多，而他们当中真正会领导的人并不多，导致基层员工对自己的工作比部门经理还要在行，基本不需要经理们的指导。

于是，“全员决策”制度就在杰克·韦尔奇的号召下开始实行了。他提倡让员工出席各种职工交流会和决策讨论会。全员决策的开展将那些有官僚主义倾向的老牌经理们逐个击垮，公司事务不再有烦琐的程序，任何人都可以参与管理。

正是这项制度的实行，让通用公司改善了市场不景气的局面。

◎点评

鼓励员工们参与决策和管理，可以全面调动员工的工作积极性，为公司出谋划策，比如提高产品质量、优化产品设计、降低产品成本等诸多方面。让员工参与决策，还可以培养他们对公司的责任感，有了这份责任感他们才愿意在工作中投入更多的热情。另外，通过“全员决策”的方式，不仅发挥出员工的聪明才智，也让企业留住了人才，员工的队伍相对较为稳定。因此可以说，员工被允许参与企业管理与决策的时候，也就是企业蓬勃发展的时候。

激励员工的五个原则

企业管理的核心要素——对员工的激励方法一直备受关注。众多国内外的专家已经有了许多论述，但是这些论述大都集中在薪资的合理制定上。但是人不只是“经济人”，更是“社会人”，人的需求是多方面的，物质需求只是众多方面中较为低等的需求。所以，只使用金钱是无法从根本上激发员工的工作热情的。

在这方面，巴斯夫公司激励员工的五项原则便十分出色，这里将其罗列出来，供管理者参考：

1. 给员工分配与其工作能力相匹配的工作量

不同的员工，他们的能力和特长也不同。所以，企业的领导在给员工分配任务时，就应当尽可能地与他们的兴趣、工作能力对等。

2. 建立公平的激励制度

工作得越好，待遇也就越高，工作表现决定了一个员工的待遇，所以建立公平的激励制度是提高员工工作积极性的先决条件。因此，一家企业应当从企业的制度入手，对怎样激励员工做出明确的规定。

3. 内部人才选拔机制

为了保持员工的工作积极性，除了为员工提供适当的工资，还应当提供广泛的内部员工训练计划，为公司内部员工提供培训和升职的机会。这种从企业内部选拔管理人员的方法，不但保护了有才能的员工，还促使他们在工作中保持较高的积极性，因为他们明白，只有这样，自己才能得到晋升的机会。

4. 改善员工的工作环境

要知道，一个好的工作环境可以极大地激发员工的工作积极性。因为舒适的工作环境可以放松员工的情绪，获得更好的工作效率。而企业为员工所做的一切，员工们都会看在眼里，对公司的感情也就日益加深。

5. 抱着合作的态度领导下属

在企业中处理人事关系时，抱着合作的态度领导下属可以有效地激励员工。简单说，就是应该“多赞扬，少责备”。巴斯夫公司对这项原则的理解是：一个人工作得越多，出现错误的概率也就越大，如果不允许别人犯错，甚至在犯错后进行惩罚，会造成员工减少工作，以避免犯错；如果这样，企业中最优秀的员工可能就是什么事情都不做的人了。

巴斯夫公司多年来的经验表明，这五项激励员工的方法，能够让员工更加积极地参与到决策的实施中，从而为达到更高的生产率提供保障。

◎案例

齐先生是一家企业的老板。他是个非常慷慨的人，员工的待遇在同行业的公司里是比较高的。但让齐先生感到困惑的是，一些老员工在工作了几年后，还是选择了跳槽，尽管新的企业待遇和工作环境并不比齐先生的企业好。

后来，通过跟一些跳槽的员工交流，齐先生终于明白了其中的原因：这些员工在自己的岗位上默默无闻地工作了很长时间，尽管做出了很多成绩，但除了加薪之外，却得不到任何表彰和提升。这让他们没有事业上的成就感，也就失去了对企业的归属感，所以最终选择离开。

◎点评

在企业中，大部分领导都认为金钱才是唯一能够有效地激发员工工作热情的方法。实际上，金钱的确可以在一定程度上激发员工的热情，但是并不能起到持久的激励作用。当人们得到了基本的生活保障后，便会更多地去追求工作中的认同感与成就感。因此，只使用金钱是无法将一个真正优秀的员工留在自己身边的。所以，企业要想激发员工的工作热情，就必须根据实际情况采用恰当的方法。

通过末位淘汰激励员工

为满足市场竞争的需要，企业越来越需要提高产品的质量以及员工的工作效率。面对这种局势，管理者不得不对员工做出科学的评价，通过合理的排序，进行奖励或处罚。排名靠后的员工，也就面临着降职、调岗、降薪甚至辞退的危险。实行末位淘汰制，其实是为了激发员工们的工作热情，而不是故意和某些人过不去，所以管理者做出不得已的决定时，也没必要有太多的负面情绪。毕竟企业的效益是企业生存的根本，末位淘汰不代表企业管理者违背了人性化管理的原则。

作为企业管理者，我们不能总是以不变的标准来评价各个岗位的员工是否能够胜任。为给社会经济添砖加瓦，每一个企业要保证自己的效益，单个企业的低效率运营终将被淘汰，整个行业的低效则预示着社会的衰亡。正如葛鲁夫说过的，“这个世界上，只有偏执狂才能生存”，精辟地阐释了优胜劣汰的竞争法则。

受到“末位淘汰”的刺激，包括管理者在内的每个人都充满着危机感，每一天、每个小时都将在竞争中度过，优秀的人留了下来，落后的人被踢出局，优秀的人必须继续斗志昂扬地工作，才能在下一轮竞争中获胜，这样的企业才不至于被时代的浪潮吞没。

末位淘汰机制不可避免地会给一些人造成困惑，尤其是在经济大萧条时期，这种管理方式无疑把被淘汰者推向绝境。作为一个企业，在同情之余，恐怕别无他法。这就好比一群人游向一艘救生艇，有些人游得快占了位置，而有些人游得慢便会被遗弃。

◎案例

在美国通用公司，员工们被分成三类：业绩很好的占20%，业绩中等的占70%，业绩很差甚至没有业绩的占10%。在这家公司，表现良好的那20%的员工，经常得到上司的奖赏，因为他们为通用公司创造了奇迹。失去这样的人，就是领导的失职。居于20%和70%的人，并不是一成不变的。不断有人在这两个层次之间调换位置，但居于10%的那部分人则通常不会有明显的变化。通用公司一直把人才作为公司未来发展的寄托，因此必须清除这10%的人，这样才能保证公司留下的都是能手或精英。

也就是说，通用公司在用人方面，不只关注用好每个人，而是要创建起一个能力强大的集体。把有用的人才留下来让他们发挥作用，把无用的人辞退，以免拖公司的后退。这也正是《孙子兵法》上提到的“求之于势，不责于人”的用人之术。

◎点评

以末位淘汰的方法激励员工，能够带给员工一定的压力。这种压力也是动力，进而在员工之间产生竞争的气氛，调动其工作积极性。企业也可以借此活力倍增，促进企业的成长。在我国，为促进各级干部队伍建设、提高职能部门的工作效率，国家机关单位也开始实施末位淘汰制。

发挥好团队的力量

一个和尚挑水喝，两个和尚抬水喝，三个和尚没水喝。这已经是一个众人皆知的故事了。本来一个和尚就能满足寺庙饮水的供给，三个和尚却无法完成同一项任务。我们可以肯定地说，最开始的那个和尚一定非常勤劳，能圆满完成任务。既然如此，为何还要给他增加另外两个搭档呢？这反映在企业中，就是人力内耗的问题。

也许你会担心，在同一个岗位上，只有一个员工时他会敷衍了事，于是想多加一个或两个人可以互相监督一下。可是两个人在一起的时候他们就开始互相推诿了，等发展到三个人或更多人时，这个岗位上就很可能没人办事了。

人和人的合作其实是一件复杂而微妙的事情，不等于人力的简单相加。在我国传统的管理理论中，对合作的研究是很欠缺的。日前，我国大多数企业内部的人力消耗非常严重，可以用“剪不断、理还乱”来形容。企业就像是一个病人，严重的时候再好的药都无法医治。

总的来说，企业团队的智商可以分为3个档次：

1. 当企业里员工之间互相摩擦而产生内耗的时候，这个团队的智商就远远低于个人的智商。

2. 内耗较少，员工之间尝试协作，团队的智商就等于个人的智商。

3. 全体员工都同心协力，产生巨大的创造力，这种团队的智商是个人智商的几倍。

可见团队协作的力量是惊人的。好的领导班子在企业的运行中，可以让管理效能实现“1+1＞2”。也就是说，团体的功能大于个人功能之和。反言之，如果管理者组织能力不高，他的管理效能就会很差。当“1+1＜2”甚至“1+1=0”的时候，就意味着这个企业的人心已经涣散，团体的战斗力已然磨灭。

◎案例

有一个人问上帝："天堂和地狱有什么区别？"上帝没有直接回答，而是带他去了地狱。在那里他看到了一群饥饿不堪的人，正拿着长勺拼命往自己嘴巴里送东西。但那根长勺实在太长了，比他们的手臂还要长，以至于他们根本没办法弯曲手臂吃到食物。虽然美食近在眼前，但所有人都饱受饥饿之苦。

随后，上帝又带着这个人去了天堂，只见天堂里的人也都拿着一根同样的长勺，但每个人脸上都洋溢着幸福的笑容。于是这个人好奇地问上帝："为什么在这里的人不用挨饿呢？"

上帝笑道："你难道没有注意到吗？他们每个人都把获取的食物舀给了对面的人吃，每个人都这么做，所以每个人就都能吃到食物。天堂里的人，人人互助；地狱里的人，人人自顾。这就是天堂和地狱的区别。"

◎点评

企业管理者要避免发生这种人人都坠入地狱的局面，就必须提高自己的管理效益。从建立和完善企业管理制度入手，对下属实行合理分工，让他们明确自己的职责。同时，也不能忽视员工素质的提高，为他们创建一个既有利于个人成长，又有利于企业发展的竞争舞台。

如何看待"忙里偷闲"的员工

每个企业可能都存在员工偷懒的现象，这些员工里有些是"惯犯"，任凭管理者使尽浑身解数，都无济于事。我们都在说："企业管理离不开严格，要把处罚当成一种手段而不是目的。”既然如此，我们为什么不能让这种手段变得人性化一点，好让受处罚者更容易接受呢？有些企业在这方面就做得很好，比如把“违章处罚单”改成“友情告知单”，这种方法不仅能让偷闲的员工受到应有的处罚，同时还能让其领会到违规的危害以及发生事故的后果，使处罚更有教育意义。

严厉的处罚经常劳而无功，一方面是因为过于严格容易使员工产生逆反心理；另一方面是因为过于严格成了员工发挥积极性和创造力的障碍。“杜绝习惯性违章”的条例，我们已经用了几十年，监管的手段越来越多，处罚的力度也不断加大，员工们仍然在犯同样的错误。因此，我们不得不停下来反思一下，到底哪些地方做得不好？制度制定好了，处罚力度也加强了，还缺什么呢？其实，我们缺少的就是以人为本的管理理念，硬性规定太多，人性化规定太少了。

员工中出现的偷懒现象，可能也是出于上述原因。从人性化的角度分析，企业所需要的应该不只是表面上的效率，而是更多的“放松”。这里的“放松”并不是放纵的意思，而是指不要让员工过度地忙于例行公务。有时候“偷闲”不是一件坏事，他们也许是在利用脑中的新构想，为公司的新方案出谋划策。

◎案例

荷兰有一个城市卫生状况十分糟糕，街道两旁时常垃圾成堆。为解决这个问题，当地政府特意装置了很多垃圾桶，以此培养市民们的环保意识。但是随意乱扔垃圾的现象并没有得到改善，人们已经习惯了自己的行为，不愿意受到约束。

为彻底解决这个问题，该市卫生机关先后出台了三套方案：

第一方案：抓住乱扔垃圾者，处罚 25 ~ 50 欧元不等，结果没有奏效。

第二方案：街道巡逻人员的数量增加一倍，开始见到成效，但并不明显。

第三方案：将普通垃圾桶设计为电动，并且逐个安装感应器，当垃圾掉入桶内时，会自动播放一段笑话或一个故事，其播放的内容，每半个月更换一次。

最后这个方案颇受市民的欢迎。人们为了听一段故事，整日守在垃圾桶旁，不停地往里扔。这座城市的环境质量终于得到了较大程度的改善。

◎点评

从严厉的处罚到市民自觉环保，该城市政府可谓煞费苦心。我们从中可以认识到问题的关键所在，那就是婉转的、颇具人性化的管理方式远比罚款的效果好得多。这种方法既能让管理者达到有效约束的目的，又不至于使市民反感。

同样的道理，企业内部要防止员工忙中偷闲，严密的监督效果往往是不好的，关键要看员工是否愿意自我约束。另外，我们还要问自己这样两个问题：员工偷懒，是他本来就懒，还是迫于工作压力的沉重？是不是公司的管理方式出现了问题？具体问题要具体分析。

经常让下属加班加点并且束缚其思想，在现代企业里已经不再适用。给下属多一些关怀和体谅吧，解决了下属的问题，让其产生归属感，也会给企业带来效益。

杜绝“磨洋工”现象

弗雷德里克·温斯洛·泰勒是美国著名管理学家、经济学家，被后世称为“科学管理之父”。他在工作中对工人的“磨洋工”问题深有感触。他认为“磨洋工”的主要原因在于：一部分管理人员和工作人员都不了解什么是“一天的合理工作量”和“一天的合理报酬”。也就是说，生产率是一个被劳资双方忽视的问题。

另外，在当时的时代背景下，泰勒认为，管理人员和工作人员都过分地关心工资和产生的利润的分配问题。对如何提高生产率，使劳资双方都获得更高的报酬并不关心。简单来说，泰勒把工人生产率的提高看作工人取得较高工资和企业取得较高利润的保证，即多劳多得。

泰勒认为，管理的中心目的便是提高劳动生产率。因此，他提出了一种具有很大刺激性的报酬制度——“差别工资制”方案。其主要内容是：

1. 设立一个专门制定定额的部门，这个部门的主要任务就是用科学的方法，通过对计件和工时的研究，计算出一个标准，以确定合理的劳动定额与工资率，改变过去的以经验为依据的方法。

2. 按照工人是否能够完成定额而采取不同的工资率，也就是制定差别工资率。如果工人可以保质保量地完成工作的定额，便会按照较高的工资率支付其工资；如果工人没有完成定额，便会按较低的工资率支付其工资，并且对其提出警告，如果没有改进便会解雇工人。

3. 不根据职位和工种支付工资，而是按照每个人的技能和工作所付出的劳动来进行计算，以克服工人“磨洋工”的现象，提高工人工作的积极性。同时，还要系统地对每个工人是否准时上班、出勤率、技能等方面做记录，然后根据这些记录来对工人的工资进行调整。

◎案例

说到“磨洋工”，在中国就有这样一个故事。

在春秋战国时期，齐国的国君齐宣王是一个爱好音乐的人，尤其喜欢听竽吹奏的音乐。再加上齐宣王爱好听合奏，因此，每次听吹竽的时候，总会让他手下300个善吹竽的乐师在一起合奏给他听。

齐宣王的这个癖好被南郭先生听到了，他觉得这是一个让自己过上好日子的机会，于是跑到齐宣王那里，吹嘘自己是一个有名的乐师，说自己吹竽的时候百兽都会被其感动，并愿意将自己的技艺献予大王。

一番话说下来，听得齐宣王甚是高兴，于是不加考察便将南郭先生编入了那300人的乐师队伍中。从此以后，南郭先生就与这300人一起合奏给齐宣王听。实际上，南郭先生根本不通乐理，压根就不会吹竽，但是因为他混在这乐师的队伍中假装吹奏，还学着别人摇头晃脑的动作，一时间还真看不出什么破绽来。南郭先生得意极了，就这样靠着蒙骗过了一天又一天。

可惜好景不长，没过几年，齐宣王便过世了，他的儿子齐湣王继承了王位。齐湣王与齐宣王的爱好相同，也喜欢听竽吹奏的音乐。但是与齐宣王不同的是，齐湣王喜欢听竽的独奏，于是便发布了一道命令，要乐师好好练习技艺，然后一个一个地吹奏给他听。

乐师们在得知命令后都积极地练习，想要在新的大王面前一展身手，只有南郭先生惶惶不可终日。因为他知道自己根本不会吹竽，如果被大王发现了，自己难逃一死，于是他只得连夜逃走。

◎点评

“滥竽充数”是一个在中国流传已久的故事，用现代观点看，南郭先生就是出工不出力，拿老百姓的话说，就是“磨洋工”。现在，我们可以实行“科学管理”，要求“磨洋工”的人一个一个地吹奏了。

慎用“光环效应”

企业在市场经济中是不可或缺的组成部分，因为受到管理方式不当的影响，现代很多企业中尚存在着“只重视使用，却忽略培养”等诸多弊端。企业内部人力资源管理的疏漏，已俨然成为遏制企业发展的主要原因。

培养和使用人才不仅可以满足企业迅速发展的需求，也可以满足企业实现可持续发展的要求。日益激烈的企业间的竞争，说到底是企业人才之间的竞争，可以说，人才是企业得以生存下去的保障。因此，怎样管理好人才、如何培养和使用人才，是企业实现发展面临的首要问题。

所谓“光环效应”，指的是企业管理者在评价员工时，存在以点带面的评价倾向，从而过分夸大其优点或过激指责其缺点。这样的评价方式显然是失当的，会导致部分员工被积极肯定的绚丽光环笼罩着，处于自我满足的工作环境中；生活在否定阴影下的员工，则渐渐消极懈怠起来，感觉自己无力承担岗位职责，长此以往只会造成两种结果：要么跳槽另谋高就，要么在办公室中消极怠工拖累公司的业绩。

可见，“光环效应”无异于一叶障目，是管理者认识上的误区，他们单凭印象评价下属，省略了全方位认识人才的过程，很多管理者在用人方面长期被这种光环所迷惑。

盲目地利用光环效应，扭曲了企业对人才考核的标准，大大降低了人才评价的可信度，成为企业发展的不利因素。

◎案例

英国一家食品公司，用1亿英镑在菲律宾新建分厂，然后把该厂的管理重担交给身在意大利的另一家分厂的负责人。这个人在意大利的业绩相当好，他擅长技术工作，是这个领域里的佼佼者，高层领导给予他充分的信任，认为他完全可以将菲律宾的分厂发展壮大。但几个月过后，他们才认识到自己做出了错误的决定。他在生产线技术操作上的确是个好手，但他并不了解市场经济，也不懂如何处理公共关系。

总部高层忽略了这些，将他调往菲律宾后也没有另派他人协助管理。

盲目的信任让他们自食了恶果，开始是工厂迟迟不能开工，接着是生产的产品销量差，最后这家食品公司只好关了这家分厂，1亿英镑打了水漂。

◎点评

由于忽视了对人才的全面了解，致使这家企业的高层受“光环效应”的影响而做出错误的决定。可见，“光环效应”会导致领导认知上出现偏差，从而无法全方位地了解和使用人才。案例中被指派的这位管理者，在技术层面有过突出的表现，并不意味着他在其他领域也会是佼佼者，做领导的不能受制于这种“光环效应”的诱惑。

这个案例提醒我们，在全面了解一个人之前，不能把事先得到的信息作为唯一的评价标准，更不能一时冲动，靠个人印象做出决策，要考虑多数人的看法。在使用人才方面，我们只有通过全面了解做出综合评价，才能有效地管好和用好人才。

发挥“鲶鱼效应”

柏拉图曾经说过：“人类天生的智慧，可以掌握无限的知识。”而科学家也证实，人类大约有 90% ~ 95% 的潜能还没有得到良好的开发与利用。因此，每个人都有着巨大的潜能在等待发掘。

在现实生活中，有些人是懒惰的，他们要么没有雄心壮志，要么就是有宏大的目标，但是没有执行的勇气。他们容易受到他人的影响，没有理性，不能自律，喜欢盲目地跟随他人，他们工作的目的只是满足基本的生活需要。之所以会出现这样的情况，主要原因便是安逸的环境。

此外，造成人们懒惰的另一个原因就是人们都会追求安逸、舒适的生活，所以贪图享受也就在所难免。这时，如果遇到一个强劲的竞争对手，就会激起他们的危机感，从而产生竞争力。因此，一个强劲的竞争对手，对激发人们的斗志具有非常好的效果。

◎案例

人们都知道沙丁鱼肉质细腻，特别是鲜活的沙丁鱼，更是味道鲜美。因此即便鲜鱼的价格很高，人们也会被沙丁鱼的鲜美吸引而争相购买。但是有一个问题却一直困扰着出海打鱼的人们——沙丁鱼被打捞上来后不容易存活，很容易死掉。所以，为了能够让沙丁鱼活下来，卖个好价钱，渔民们想尽办法来保证它们的鲜活，然而大量的沙丁鱼仍然在运输的途中窒息而死。

但是有一条渔船，每天都能将鲜活的沙丁鱼运到市场上贩卖，以致渔船刚刚靠岸，便会被一抢而空。由于这艘渔船的船长将这个保存沙丁鱼的方法视为商业机密，外界一直都不知道其中的奥秘。直到他去世后，这个保存鲜活沙丁鱼的奥秘才得以公之于众。原来，他在鱼槽中放入了一条沙丁鱼的天敌——鲶鱼。因为在运送途中有了鲶鱼的存在，沙丁鱼便会变得非常紧张，不停地逃窜以躲避鲶鱼的攻击。在求生的欲望下，沙丁鱼被活蹦乱跳地运回渔港。著名的“鲶鱼效应”理论也由此产生。

◎点评

“鲶鱼效应”在自然界中非常常见。科学家们发现，如果在一个鹿群的活动区域内没有它们的天敌，它们便会因为没有危机感而不再奔跑，导致身体素质不断下降，使其整体的繁衍都受到很大的影响，甚至导致种群的灭绝。

由这些事例我们可以得到这样一个启示——适度的压力可以给企业带来活力。作为一名领导者，应当清楚地认识到，引进专业的人才，不但可以带来更加先进的管理经验和技术，还可以激发企业内部现有人才的积极性，是保持企业高效运转的有效方法。新的人才的引进，会使原有组织内的员工受到震动，感到紧张，带给他们一定的竞争压力，使他们更加努力地工作，以避免自己被淘汰。这样，整个企业便会显得充满活力了。

用人之道，贵在慎始

作为一名公司的管理者，在公司成立伊始选拔人才的时候要慎重选择，要将良将收在身边，使小人无法进入。经济学理论已经确认，在各种生产要素中，起到关键性作用的就是人。在生产经营的过程中，需要一定的资金、生产资料、生产技术、管理和劳动者。这其中，其他的要素都是被动的因素，只有人才是能动的，因为企业想要发展，想要进行技术革新，想要提高企业的管理水平，想要争取更多的资金等，都需要靠人来进行运作，离开了人，一切都将无法进行。美国的钢铁大王洛克菲勒曾经说过："你可以拿走我的资金、厂房和市场，但是只要你保留我的员工，4年之后，我仍将成为一个钢铁大王。"由此可见，人对一个企业的重要性。

◎案例

管仲被称为"春秋第一相"，齐桓公能够成为春秋时期的霸主，很大程度上是得益于良相管仲的辅佐。

一天，齐桓公来到马厩视察，看到成群的骏马十分高兴，便问马厩里的官员："在马棚里什么工作最难？"马厩的官员没想到齐桓公会问他这个问题，一时难以回答，只能愣在当场。这时相国管仲接过问题回答说："大王的这个问题由我来回答吧！我以前曾经做过马夫，我认为编排圈马的栅栏是最难的，因为如果先用弯曲的木料进行编排，那么以后就都需要用弯曲的木料，笔直的木料便用不上了。如果先用笔直的木料进行编排，那么在以后的编排上，就都需要用直的木料，最终弯曲木料也就用不上了。"

齐桓公听后连连称是，他知道管仲是在借题发挥，旁敲侧击地告诉自己用人之道：曲直不相容，用人之道，贵在慎始。在开始选拔人才的时候，就必须慎重选择。如果开始用了君子，小人就很难进入，那么国家便会变得强盛。相反，如果一开始用了小人，君子便会被挡在门外，而国家也就很难得到良好的发展。如果是佞臣当道，那么国家离灭亡也就不远了。

◎点评

一个企业凭借什么取得在市场上的优势？靠的是人才，人才是企业能否健康、快速发展的决定性因素。人才决定了技术的高低和产品的质量，只有优秀的人才能抓住市场中转瞬即逝的机会。一旦失去了人才，一家企业所具备的优势就已经丧失殆尽。因此，企业是否能够在千变万化的市场浪潮中存活，并且成为弄潮儿，取决于在企业中是否有“良相”。

用比自己更出色的人

我们可能注意到，大雁在南飞的时候常常排成“V”字形的队伍，这是因为领头的大雁在前面开路，能够帮助左右两边的大雁制造局部的真空，减轻它们在飞行中的阻力。人类也是一样，只有彼此合作才能让企业更快、更强地发展。

作为一个领导者，应当有打破陋习的勇气，有打造一流人才管理的意识，只有这样才能在这个竞争激烈的社会中避免成为被淘汰的企业。而知人善用则是每个领导者所要面对的问题，任用能力比自己强的下属已成为一个优秀领导者必须面对的挑战。一个领导者是否敢于真正起用一个有可能超越自己的人，又能否在一个阶段内与他和平共处，是决定一个企业能否获得强大推动力的重要因素。

想要合理地使用优秀的人才，首先，要给他们安排富有挑战性的工作，因为只有这样的任务才能充分调动他们的积极性，发挥他们的潜能。其次，工作能力较强的员工往往具有一定的表现欲望，这就容易招致企业中其他成员的反感甚至嫉妒。如果遇到这样的情况，作为管理者不能偏爱他们，这样极易打击普通员工的工作积极性；也不能打击排斥他们。最好的办法就是善意地帮助他们改正缺点，从而使其他员工接受他们，创造出积极、健康的工作氛围。这样不但可以留住人才，还能够在他的带动下培养出更多的人才。最后，一般有才能的下属往往都比较有个性，有时会自作主张。作为一个管理者，想要驾驭他们就必须以思想交流为主、制度约束为辅的方式来领导他们。

在企业中，除了留住人才之外，作为管理者，更应当培养人才，鼓励下属在业务上超越自己。我们可能会发现，在那些大企业中的管理者大都是职位越高，心胸越宽广。所以，推荐自己的下属并非像部分管理者所担心的那样，会对自己的地位和利益造成威胁，相反，为企业培养人才能够为自己争取到更多的晋升机会。

如果作为管理者的你已经明白了以上的道理，现在要做的就是如何鼓励下属超过自己：首先，你要给他们提供机会，但不是强迫他们去做，而是根据他们的兴趣爱好以及期望得到的是什么，在你的职权范围内给予他们允诺，让他们知道在企业中的发展方向。此外，作为领导者还应当适时地对手下的员工表达你的肯定与赞赏，这样才能使下属保持高昂的工作热情，这样做也有利于你赢得支配下属的权威。

◎案例

当年，牛根生在伊利劳苦功高，而他本人又颇有大将风度，出手不凡，延揽人才，曾多次把高达数百万元的奖金全部分发给自己的下属，逐渐形成了一个以牛根生为核心、对他个人忠诚的团队。这样的局面让决策者心中懊恼。后来，由于无法达成一致，牛根生最终离开伊利，创办了蒙牛。

◎点评

作为管理者，应当明确一点：下属在某一个领域比管理者强是很正常的。作为管理者，可以不懂技术，但是可以通过对员工的有效整合管理，带领下属完成任务。所以，承认下属在某个方面比自己强，并不是一件丢人的事情，因为发现、培养对企业有用的人才是一个管理者应当具备的重要能力。

不拘一格用人才

一百多年前，龚自珍带着满腔救国热忱疾呼：我劝天公重抖擞，不拘一格降人才。在现今这个企业竞争日趋激烈的时代，“不拘一格用人才”则体现出一种胆识和责任。

对一家企业来说，人才是成就事业的根本。所以，作为企业的管理者，应当不遗余力地将出色的人才留住。对待优秀的人才，应当从心底尊重他们，给他们灵活、广阔的发展空间，让他们为企业发挥自己的聪明才干。

在春秋时期，百里奚得到秦穆公赏识的时候已经是 70 岁的高龄了。他出身贫寒，为别人放过牛，也做过别人的俘虏，还曾沦为奴仆。但是秦穆公作为一名贤君没有在乎他的出身，而是想尽办法将他从楚国换了回来。百里奚最终辅佐秦穆公成为一代霸主，也成就了千古佳话。

作为管理者不应当因为员工的学历、出身和背景而轻视他们。一个人的成长环境并不能决定一个人的才能。出身好并不能代表一个人能力就强，一个合格的管理者不应该只关注一个人的出身，而应当关注他们的能力。

◎案例

在战国时期，卫国因为是一个小国，所以时常受到周边大国的侵扰。一天，子思对卫侯说："苟便是一个难得的良将，他可以统率 35000 多人的大军。"卫侯听了子思的话后说道："苟便有作为统帅的才能我早就知道。但是你不知道，他在做官的时候，曾经在百姓那里搜刮了几个鸡蛋吃，因此我不敢重用他。"

子思对卫侯的话感觉到好笑，便委婉地对卫侯说："古往今来的明君，他们选用人才的方法，都像高明的木匠选木材一样取长弃短。例如，有一段非常好的木材，木匠不会因为中间部分的腐坏而将其丢掉，他们会将腐坏的部分丢掉，留下好的部分，对人才的选用也是一样。如今战国纷争，正是急需人才的时候，如果卫侯因为苟便曾经搜刮过百姓的几个鸡蛋，而将一个能够率领千军万马的将军弃置不用，最好不要让邻国知道。"卫侯听了这一番话后不久，便起用了苟便。

◎点评

这个故事便是对"不拘一格用人才"的最好诠释，或许人才有着别人不能容忍的坏毛病，但是作为一个高明的管理者，不应该因此嫌弃他们，而应当充分地利用他们自身的长处，让企业从中获得收益。

企业不可用的几类人

在"不拘一格用人才"里，我们谈了使用人才要不问出身，要包容他们的缺点，但任何事都需要有一个界限，超过了这个界限，不但不会给企业带来利益，反而会对企业造成伤害，甚至是无法挽回的损失。但是许多企业往往求贤若渴，一旦发现某人具备对企业的发展有帮助的一技之长，便不问其他，委以重任。因此，应当全面地认识人才，不能忽略他们可能带来的负面影响。具体来说，以下几类人是企业不能聘用的：

1. 不遵守规矩的人不可重用

正所谓“国有国法，家有家规”。企业作为一个组织也有其自身的规章制度。例如，有的企业明令禁止上班炒股或者闲聊；有的不允许员工在上班时间利用公司的网络资源下载游戏等。如果员工无视这些管理制度，管理者又如何去约束、管理别人呢?

所以，不懂得遵守规矩的人，甚至带头破坏规矩的人，哪怕他们再有才华，作为领导者也不能聘用他们。因为他们今天可能只是踩在规章制度上，明天可能就会无视领导者的权威，这对一家企业来说无疑是一种灾难。

2. 权力欲过强的人不可重用

权力欲望过强的人随时随地都表露出按捺不住的野心，时刻不忘在他人面前显示自己的能力。这种人不达目的誓不罢休，往往会为了达到目的不择手段，时常会破坏组织中正常的工作秩序。这种权力型的人往往没有计划，只有野心。同时，这种人的本性通常是极端自私的。他们可能会在一定阶段为企业带来利益，但是从长远看，绝对是有百害而无一利的。

3. 爱慕虚荣者不可重用

爱慕虚荣的人时常渴望自己是名人的知己，并且只要一有机会便会滔滔不绝地向他人炫耀与某些名人交往的经历。实际上，他们可能并不认识。这种人往往没有什么本事，只会信口开河地显示他的优越感。他们往往缺乏实干精神，怕吃苦，还容易引起同事的反感，影响他人的工作情绪。

4. 自命不凡者不可重用

一般自命不凡的人无法容忍和理解他人的一切行为和想法，他们总认为自己才是对的，自己说出来的话就是真理。自命不凡的人往往会影响同事、下属工作的积极性，对企业造成伤害。将自命不凡的人与他人相互隔开是最好的解决方法。

5. 谄媚者不可重用

这一类人深信，只要能迎合企业的领导者，便能步步高升。通常情况下，这种人毫无才干、品质恶劣、道德观念差且意志薄弱。

6. 投机者不可重用

他们善于察言观色，把自己作为商品，想在“人才市场”上谋求个好价钱，这些“市场探索者”都急于利用应召别家厂商，而对目前雇用他们的公司施加压力，以使该公司的领导给他们晋升或增加工资的机会，来加速他们在原公司的发展。

◎案例

老肖是某公司的部门经理。一天，老肖从卫生间回来，发现一个刚来没多久的女孩子正站在自己的办公桌前翻看什么。老肖走近了才发现，那是自己的工作日志。

看到老肖回来，女孩子不但不心虚，反而以挑衅性的口吻问老肖：“我们每天做什么，你都记录下来吗？”

“当然，这是我的工作。”

女孩撇了撇嘴，说：“早知道是这样的话，我就好好表现了，多说点好听的。”

老肖知道这个女孩子有点小聪明，但没想到她会公然向自己挑衅。

此后，老肖对待其他同事的态度一如既往地友善和热情，对待这个女孩子则是不冷不热、不远不近，但也没有什么过分的举动。

两天后，这个女孩子竟然当着大家的面，旁若无人地敲开了总经理办公室的门，在里面跟总经理谈了足足半个小时。等她出来的时候，表情里多少带着点儿沮丧。虽然老肖不知她和总经理究竟谈了些什么，但也能猜出一二，谈话的主题多半和自己有关，而从女孩子出来时的表情判断，她的意图应该是没有实现。

◎点评

一个新人敢公然地找总经理越级报告，实在是需要一些勇气的。只是做得实在有点笨拙，在众目睽睽之下，直接越过上司去找总经理，不但会造成上司的不满，而且会造成其他同事的警惕和反感。而且，一个新人对公司的情况了解有限，反映的问题又怎么能引起总经理的重视呢？总经理不相信她的话也在情理之中。这种野心勃勃、不把上司放在眼里的人，是不能重用的。

怎样留住你的人才

根据80/20法则，在企业中80%的价值是由20%的优秀人才创造的。所以，如何挽留这些稀有的人才并发挥其作用，已经成为管理者必学的一门课程。如果企业对所有的员工一视同仁，这20%的人才迟早会离开企业。想要留住人才，管理者应当做到以下几点：

1. 培养

企业应当给人才提供更多的发展空间，通过全面而且频繁的培训扩展人才的知识、思路和视野。除此之外，为了防止人才流失后对企业造成伤害，企业还应当选拔认同企业经营理念，有较高素质和潜力的后备队员，有计划地进行重点培养，以逐渐形成一个持续有效地支持企业发展的团队。

2. 重用

留住人才的关键是留住他们的“心”。创造出企业与个人共赢的局面是留“心”的根本。要为重要的人才打造有利于他发展的平台，将杰出员工的能力充分地发挥出来。这才是留住人才的目的。

3. 激励

绩效管理、薪资与工作环境决定了员工对企业的忠诚度，因此，对员工的激励应当从这三个方面着手。“在现今社会，当人们在物质上得到了一定程度的满足后，便会开始更多地关心自我价值的实现，简单说，就是对自己整天在做的事情感兴趣。”

4. 薪酬

企业回报员工的方式一般分为经济和非经济两种，又分为短期、中期和长期。因此，对重要员工的薪酬应当重点考虑中长期的薪酬方案。

◎案例

一只母鸡在机缘巧合下孵出了一只小仙鹤，小仙鹤与小鸡们共同生活、相安无事。小仙鹤渐渐地长大了，它的身高不但比与它一起长大的小鸡高，而且已经远远地高过了鸡妈妈。所以，每当大伙出去觅食的时候，仙鹤总是充当哨兵的角色。在仙鹤的帮助下，小鸡们躲过了许多危险。

日子一天天地过去了，小鸡们也越长越大，但是仙鹤也渐渐感到有些不舒服了，因为不管它怎样努力地保护他们，小鸡从来没有感谢过它，就连鸡妈妈也是一样。最终，仙鹤在一天夜里悄悄地飞走了。这时小鸡和鸡妈妈才意识到，没有仙鹤照顾的日子，真的非常不好过。

◎点评

上面的故事中，鸡妈妈就相当于一个企业的领导，仙鹤就是企业中不可或缺的人才。作为领导者的母鸡没有肯定仙鹤在组织中的价值，不知道珍惜人才，结果让人才白白流失掉了。

金鱼缸效应

喜欢养观赏鱼的人都有技巧，他们知道养一大缸鱼比只养两条鱼成活概率要高很多。也许有些人认为是笑谈，但实际上这的确是真理。只养两条鱼，假如其中一条生病了，就会迅速传染给另一条，不久就会双双死去。而养一大缸鱼的话，病情传染会出现缓冲期，养鱼者能及时发现，捞出死鱼、重新换水并加强管理，总有些鱼可以活下来。这就是管理界的“金鱼缸效应”。

因为金鱼缸大部分都是透明玻璃做的，任何一条鱼有明显的变化，都逃不过养鱼者的眼睛。所以“金鱼缸效应”也被称为“透明效应”。应用于管理领域中，它所体现的是，企业应该有透明度极高的管理方式。

“金鱼缸效应”不可能一朝一夕就能实现。加强规章制度的透明度，对企业而言是任重道远的。企业是鱼缸，管理者是水，员工则是生活在鱼缸里的鱼。鱼缸要做到透明，取决于鱼缸的制作材料，同时也离不开水的质量——鱼缸要用透明材料，水要清澈见底。这就要求企业的管理者，首先要提高自己的综合素质，保持良好的职业道德，这样才能为透明的鱼缸提供合格的水。

所以，企业领导在要求员工顺利开展工作时，始终不能放弃“公平、公正、公开”的基本原则。做到这一点就能保证企业管理的透明度，为管理者自己提供强有力的支持。

◎案例

20 世纪 80 年代，美国的苹果公司在 K-12 教育市场中是当之无愧的领先者，很少有其他公司能与之匹敌。苹果公司有专门的经销商经销着苹果的产品，所以它才能在 K-12 教育市场所向披靡。大量地方经销商帮助苹果机在各大校区普及，让中小学生从小就使用苹果电脑。学生长大后，苹果机便成为他们的第一选择，非苹果电脑不用，从而拓展了苹果的市场。

在当时那个年代，苹果机已经占到美国 14% 的市场份额，成为同行业中的佼佼者。以这种势态发展下去，苹果公司势必会做得更好。

可是到了 90 年代，苹果公司的管理者开始看好 80/20 法则。他们认为，苹果公司绝大多数的业务来源于 20% 的合作伙伴，所以他们认为应该重点对待这些经销商，逐渐降低了 K-12 教育市场的份额。该市场的老客户也慢慢脱离了苹果公司，转而成为其他公司的经销商。短短几年时间，苹果公司的市场地位就由优势转为劣势。

◎点评

从苹果公司自我毁灭的过程中，我们不难发现一个事实：满满一缸金鱼，80% 都被捞了出去，只留下了少数。根据“金鱼缸效应”，自然可以推断其后果。

当然，这只是苹果公司疏于管理客户关系的一个表现，运用到企业内部管理中，就要求企业管理者增加各项条规的透明度。只有这样，全体员工的行为才会时刻处于管理者的掌控之下。同时,通过制度透明化,领导的行为也处于全体员工的监督之下,有利于防止领导滋生不正之风。

霍桑效应

心理学所说的“霍桑效应”，起源于1924年至1933年间的一系列实验研究。“霍桑”一词来源于美国西部电器公司一家分厂的厂名。

◎案例

这家工厂设备先进，各种保险、生活、娱乐设施都齐全。但是，让管理人员感到困惑的是，工人们的生产积极性却很低。1924年11月，以心理专家梅奥为首的研究小组进入这家工厂，他们想要通过改善工作条件等外在因素,找到提高劳动生产率的途径。首先,他们不断改变照明、工资、休息时间、午餐、环境等外界环境的因素，以期发现哪些因素与生产率有关。但是很遗憾，不论外界环境怎样变化，生产率都没有明显的变化。也就是说，在实验的第一阶段，他们没有发现问题的症结所在。

于是，他们又找来了6名女工，对其进行专门的研究，结果意外地发现，无论工作的条件发生怎样的变化，例如增加或者减少工间休息、延长或者缩短工作日，她们都一直保持高产量，根本就没有注意到生产条件的变化。原来，参加实验的女工们认为自己受到了关注和特殊的待遇，是一个特殊的群体，是这些专家一直关心的对象。这种受注意的感觉使她们加倍努力工作，以证明自己是值得关注的，结果激发了她们的工作热情，让她们滋生出一种高昂的团队精神。经过历时 9 年的实验和研究，学者们终于意识到了人们的生产率不只会受到外在因素的刺激，更和主观上感到的激励有关。

在上述研究的基础上，专家采访了厂内的 2000 多名工人。首先，他们按照事先拟定的提纲进行提问，但收效甚微。后来，科学家们将访谈改为让工人各抒己见。在谈话过程中，专家要耐心地听取工人们对厂方的各种意见和不满，并且对于他们的不满，不许反驳和训斥。这项实验历时两年，研究人员与工人们的谈话总数达到了 2 万之多。

然而出人意料的是，在此期间，工厂的生产率大幅地上升。梅奥教授经过研究，得出了这样一个结论：人不仅是受经济利益驱动的“经济人”，同时还是生存于复杂的社会关系中的“社会人”。长久以来，工人们便对工厂产生了许多不满，但是没有地方可以发泄。而这次谈话，不但让工人们发泄了不满的情绪，还让他们感觉自己被关注了，从而心情舒畅，生产率也就提高了。

◎点评

在人的一生中，会有许多愿望无法得到满足，人们会因此产生许多负面的情绪，而这些负面情绪会极大地影响我们的工作和生活。因此，千万不要压抑自己，要将心中的不满发泄出来，这对于人们更好地工作和生活有着重大的影响。这也是“霍桑效应”给我们的另一个重要启示。

“不值得”定律

这条定律最简单的理解是：不值得做的事情，肯定也是不值得做好的。它反映出员工们的普遍心理，如果他觉得自己的工作不能发挥特长，认为根本不值得去做，那么他一定做不好本职工作。

所以，对于一个管理者而言，我们应该让员工选择做自己喜欢做的工作，让他们的特长有充分展示的空间。选择自己喜欢的，喜欢自己所选择的，才有可能激发他们的斗志，不至于整日左顾右盼、心不在焉。

在管理实践中，要做到这一点，首先要从分析员工的性格入手，把他们分配到各自适合的岗位上去。比如尝试让上进心较强的员工独当一面，所谓“好钢用在刀刃上”，派他们去完成有一定风险的工作，初次完成任务后，适时给予赞许和褒奖；让依附欲较强的员工，加入团体工作中去。

做这些工作的同时，管理阶层要不断强化职员们对企业发展目标的意识，加强他们每天的工作积极性，让员工认识到自己付出的努力是值得的。

◎案例

美国福特汽车公司的老板亨利·福特先生，经常和公司大小职员们聚餐，他们谈笑风生，聊到很晚才回家休息。一天，他留意到其中一位主管情绪低落，始终一言不发。细心的亨利·福特面带微笑，端着酒杯走了过去，问他出了什么事。

几杯酒过后，这位员工终于鼓起勇气，说出了心里话：“我在加入福特公司之前，一直认为这家公司很了不起，这么多大企业里我只想来这里工作。但来到公司后，我发现这里和我想象的有很大出入，我觉得自己是在为上司打工，而不是为福特公司。在我眼里，我的上司就是福特公司，我做的所有努力都是为他一个人。这样倒也无所谓，只要他忠于本公司就行了，可后来我发现，我的所有好的建议都被他回绝了，因此我无法不对福特公司的前途担忧。”

这番话让亨利·福特深受触动，他意识到从表面上来看，整个公司内部的工作氛围似乎很融洽，但实质上却存在很多问题。诸如此类的问题肯定还有不少，必须及时处理，减轻员工们内心深处的烦恼。

于是，福特先生开始在公司发行内刊，每一期都刊印公司内部现有的空缺职位，希望员工们可以自荐。

如此一来，一批又一批行业精英脱颖而出。除此之外，公司还规定每两年调动一次工作，让员工有更多新岗位一展身手，员工们逐渐找到了自己喜欢且合适的职位。

◎点评

几乎每一个企业都期望员工们可以尽自己所能为公司效力。想要实现这一愿望，必须解决一个问题，那就是怎样让员工们非常喜欢自己的本职工作。因为只有喜欢做一件事，人们才会认定它是有价值的，进而倾尽全力。所以，要想让员工干得好，就得让他们得到一份适合自己的工作，有可能的话最好让他们自己来选择。

当然，也许我们不能百分之百地做到这一点，这时候就得想出办法来加以平衡，解决员工的不满情绪，逐渐培养其对本职工作的兴趣，把不喜欢做的事变成喜欢的。

蘑菇定律

“蘑菇定律”的原意是：生长在阴暗潮湿角落里的蘑菇，由于得不到阳光的照射，也得不到肥料的补给，基本上处于自生自灭的状态下，等它们越长越高的时候才会被人关注，这时它们已经可以独立接受阳光雨露的滋润了。

在管理学中也存在着“蘑菇定律”，它是一种适用于职场新人的管理方法。职场中的新人往往会被分配到基层部门，得不到重视，一般会被安排处理些杂七杂八的小事，而且这种工作出力不讨好，时常遭受过激的指责，甚至还会出现代人受过的现象。管理者通常疏忽了对新人的指导和提携。

然而，众所周知，在几乎所有的大公司里，每一个新人都要从基层做起，就连老板的儿子想要当接班人，也逃不过这番考验。企业管理阶层之所以这样安排，主要考虑到以下几点：只有从基层做起，才能让员工从整体上了解企业生产经营的运作规律，在日后的职场生涯中才能够驾轻就熟；先从事基层工作可以积攒成功经验，增强其在公司内部的人气和诚信度，这些是一个成功者必备的要素；在基层摸爬滚打，可让员工体验到不同的岗位甚至整个人生的艰辛，让他们学会珍惜。与此同时，也方便企业从基层中发现并重用人才。

所以，对每一个刚步入社会的新人而言，这一阶段是不可或缺的。身为管理者不可以忽略这一点，轻易重用新人有时会适得其反。

◎案例

IT行业著名女CEO卡莉·菲奥莉娜，从斯坦福大学法学院毕业后不久，在一家房地产公司找到一份接线员的工作。她每天的工作枯燥乏味，无非就是接电话、整理文件而已。她的亲戚朋友都在精神上给予她充分的支持，但很明显这样的工作对于一个斯坦福毕业生而言，也未免太屈才了。

但菲奥莉娜毫无怨言，在她眼里这份工作虽简单却可以从中学到很多东西。后来，一次偶然的机会，经人推荐她得到一次撰写文稿的机会，她的职场生涯从此发生转变。如今，卡莉·菲奥莉娜在行业中已经颇具影响力，曾任惠普公司CEO，是世界上最具盛名的女CEO。

◎点评

“蘑菇经历”对每一位职场新人而言，都是一笔不小的财富，可以帮助人们实现人生价值。只有耐心地经受住此番磨炼，才能在以后的工作中施展积攒起来的工作经验。这种经历可以帮助新人提升为人处世方面的能力，还能增强其抗压能力，不畏艰难、迎难而上，为其日后的发展扫清障碍。

身为管理者，我们应该适当地利用“蘑菇定律”，遵从人才成长的规律，对职场新人进行有效的开导和指引。无论他是什么专业，从事过什么样的工作，都要让他先从最小的事情做起，让他们在充满竞争的环境下学会成长，而后再挑选并重用其中较为优秀的人才。

酒与污水定律

“酒与污水定律”的意思是，假如把一杯美酒倒在一桶污水里，得到的只能是一桶污水；反之，把一杯污水倒在一桶美酒中，得到的同样还是一桶污水。其中的道理显而易见，改变酒和污水的比例是不能改变这桶东西的性质的，不管分量有多少，只要有污水的存在，再多的美酒也无法遮掩其本质。这个定律意在告诉我们，污水与美酒只能二选一，对于管理者来说，应该做何选择也就不言而喻了。

可以说在任何组织里，都可能存在几位让人挠头的人物，好像这类人除了搞破坏以外什么都不会。他们不厌其烦地造谣、惹事、挤对人，无所不用其极，严重破坏公司内部和谐的工作环境。

这类人就像是已经烂掉的苹果，如果不及时处理，它们会传染箱子里的其他苹果，过不了多久，整箱苹果都会烂掉。这种令人作呕的破坏力，在企业中会吞噬健康的组织，严重的甚至会肢解整个企业。

烂苹果之所以会造成破坏的一个重要原因在于，破坏总比建设来得容易。一座用几年时间盖起来的高层建筑，用炸药很快就能夷为平地，讲的就是这个道理。假如你的公司也有这么一枚炸弹，相信你一定会马上想办法清理。

◎案例

在美国西北部，某地与俄罗斯的经贸往来甚密，长期以来美国一直具有绝对的优势。但是，逐渐有个别美国人以次充好，贩卖假货给俄国，从中获利颇多。其他商人见有机可乘，也纷纷效仿，各种假冒伪劣商品云集于经贸活动中。俄罗斯人后知后觉，慢慢识破了其中的猫腻，加强了防范意识。可是，当俄罗斯人察觉时已经防不胜防了，干脆在当地禁止与美国人交易。美国人从当地的获利也就寿终正寝了。

类似的事件屡见不鲜，在利益的驱使下，有踢假球的、卖假药的、造假酒的，近年来连新闻都有造假的。这类人不但毁了自己的形象和信誉，也间接影响了其所在行业的风气，可谓一损俱损，成为其所在领域里的害群之马。

◎点评

在企业中，“污水”的存在似乎是在所难免的，企业管理者要掌握处理污水与美酒的技巧，别让“一块臭肉毁了一锅粥”。这就要求我们做到，在企业内部选拔人才时要经过仔细筛选，不遗余力地清除“污水”，让美酒的醇香滋润整个企业，使人才发挥其应有的功效。

从经济学的角度分析，其实每个企业都是个人的集合体，企业的效率与其内部每个员工的行为息息相关。要使企业繁荣昌盛，就必须让每个人的能力均得以充分发挥，如此，方能让集体的步调一致、动作协调。要做到这一点，难度是可想而知的，但只要耐心一点、严谨一些，还是可以找到最佳途径的。

格雷欣法则

“格雷欣法则”的通俗解释是：金和银是有一定兑换比率的，经炒作后金和银的市场价格与法定价格将会发生变化，同样的一两金子可以兑换更多的银子，人们会选择把自己的金子兑换成银子来消费。长此以往，金子逐渐在市场上消失，以银子的流通取而代之。

企业在员工薪酬管理方面同样存在“格雷欣法则”这个奇怪的现象。同一家企业里，因为老员工受原有薪酬制度（签订的合同）的制约，可能会导致新招聘来的员工的薪酬高出老员工，新员工逐渐将老员工“驱逐”出去。

这样一来，“长江后浪推前浪”，老员工没有颜面再继续为该企业效力，直接导致人才外流。另外，假如实际贡献有差距，而薪酬却相等，同样会导致跳槽的发生。可见，在每一个企业中，薪酬管理都是不容忽视的，很有可能会因处理不当而错失良才。

◎案例

我国一家钢铁公司现有员工300余名，正处于企业发展的上升阶段。在薪酬待遇方面与其他公司相比，还是相当具有竞争力的，但是其内部工作人员却觉得并不公平。

和很多大公司一样，这家公司的薪酬根据员工的编制划分，公司上下共分为三种编制：元老级员工、固定工和外聘工。三种身份的薪酬待遇体现出明显的差别。

例如，同样是工程技术人员，竟然有三种不同的工资标准，其中有7%的老职工属于甲类编制，他们的基本工资加上住房津贴和餐饮补助，每个月有4200元，比处于乙类编制人员的固定工高出1200元。甲类编制比丙类编制人员（外聘工）高出近2000元。依公司目前的状况来看，技术人员中有47%的人属于乙类编制、46%的人编制为丙类。这一差距在高层领导那里也有明显的体现。

在这家公司里，同一岗位的普通职员和同一级别的主管，由于受编制的影响，待遇竟然都存在较大的差距。这一奇怪的现象导致的直接后果是上演“格雷欣法则”的闹剧：几年后，身为乙类编制的技术人员，有70%的人另谋高就了。

◎点评

该公司的薪酬管理体系，没有真正反映员工的劳动价值。应该废除的旧体制依然存在，致使“按劳分配”的原则无法实施。不妨想想看，在同一家公司里，多数有能力的人都得不到应有的报酬，这对一个公司而言是多么的可怕。这样的企业无法长久经营下去，必然面临人才外流、企业竞争力逐渐下降的情况。因此，一家企业能够做到“多劳多得，按劳分配”，才是赢得优势人力资源的关键所在。

适才适所法则

所谓“适才适所法则”，指的是把最合适的人选放在其最合适的岗位上，这一点是做好人力资源管理的基本常识。

我们应该了解到，企业中存在不同性质的管理岗位，在这些岗位上，职员的特长及素质存在明显的差异，而且，在同一性质的岗位上又有不同等级的需求。具有同类专长和素质的员工，其个人能力的大小也有区别。所以，我们在任用人才时，不能马虎大意，要把合适的人放在合适的位置上。这就好比不同级别的举重运动员，同样的重量，有的人能轻松举起，有的人勉强可以举起，剩下的人根本完不成任务。

另外，我们还要注意一点，岗位能力的等级对应要做到静中有动。随着社会经济和科技的不断发展，员工的个人才能可能会发生质的改变，原来的低等员工掌握的职业技能，较往日也许会有明显的改善；随着年龄的增长，一些高等员工也可能无法做到与时俱进。此时，管理工作就要及时做出调整。

◎案例

日本的松下电器公司于1918年成立，起步阶段公司的规模并不大，但好在公司并不缺少人才。以当时的状况来看，一般较为优秀的毕业生都不会来松下上班，即便来了也基本找不到合适的工作，因为规模小，公司人才呈饱和状态，松下的店里做工的员工大部分都是很普通的小学毕业生。

一直到9年后，松下才第一次聘用了两个专业学校毕业的学生。松下之所以这样做，有自己的道理，在他们看来，有时候聘用过于优秀的员工并不是什么好事。尽管他们工作效率比其他人高，但大部分都会抱怨工作太简单了没有什么成就感。这类人的确优秀，但也很自负。“如果聘用不是很优秀的人，他们来松下后会抱有感激之情，做自己的工作时会比一般人都任劳任怨，我们需要的是这种具有进取精神的人，这种人在我们需要的岗位上，会更加出色。”

松下的总结是，世界上不可能有完美无缺的员工，聘用专业技能拿不到满分的员工，有时可能是公司的福气，没有必要在任何岗位都追求“一百分”。

◎点评

企业对人才的需求，就像一台机器需要不同的零件，每一个都要合适，如果不合适，这台机器就无法正常运转。大材小用和小材大用，都不能使职员的作用充分展示出来。

松下公司所体现的“适才适所法则”告诫管理阶层，每一个公司都是一个大家庭，由各种身份的家庭成员组成，他们都有不同的分工和自己的特长爱好。一个合格的管理者，应该对每一个成员的能力和性格了如指掌，这样才能真正做到“适才适所”，让他们在集体中发挥自己的潜力，企业在行业里才有可能具有竞争优势。

特雷默定律

“特雷默定律”是由英国管理学家特雷默提出的，他认为，每个人都有不同的才华，同时也有各自的缺陷，选择人才时我们更应该侧重于其优点而非缺点。管理者要善于发挥员工的特长，根据实际所需委以重任。否则，势必会造成职务与特长不符，职员的优势无法发挥，长久下去会导致公司内部矛盾升级。“特雷默定律”总结起来就一句话，“企业没有无用的人才，只有无能的用人者”。

力求寻找“全才”的人，绝非真正的伯乐。管理者的职责，在于可以在普通人的身上找到优点，雇用他们并通过引导使其潜力得以发挥，满足公司岗位的需求。比如，性格比较外向的员工善于与人交流，可以派他们多参加社交场合，最好是做销售代表或接待服务的工作；性格较为内敛的职员，一般做事较为细心谨慎，可以让他们负责处理数据、管理财务。

当然，随着现代企业管理模式的发展，在招聘过程中开始更多地使用一些甄选技术，出现了各种测试软件、素质模型理论等。如何有效使用这些技术也是一门课程。当然，我们不能只靠机器帮助选择，管理者的智慧和判断永远是必不可少的。

◎案例

在一次宴会上，唐太宗对王珐说：“你在挑选人才方面颇有见地，尤其善于评论。今天就从房玄龄这些人开始，你给朕评论一下吧，说说他们各自的优点和缺点。同时，我还要你评价一下自己，跟他们比起来你在哪些方面做得比较好。”

王珐回答道：“房玄龄一直任劳任怨地办理公事，可谓整日为国事呕心沥血，凡是能做到的他都亲力亲为。这方面我和他有一定的差距。时常敢于犯颜直谏，指出皇上的错误，这种事上魏征比我做得好。而李靖能文能武，能够以将军的身份带兵打仗，还可以担任宰相处理朝政，这些方面我远不如他。温彦博做事比较注重细节，态度十分谨慎，让皇上及时了解国家公务，皇上下达的命令他都一一完整地转达给下属，他的优点是可以做到公平公正。这一点我做得不好。戴胄的优点在于，他可以把繁重的公务处理得有条不紊，这方面我也不及他。至于我的一技之长，主要体现在批评贪官污吏，表扬清正廉洁方面。”

唐太宗非常赞同他的话，诸位大臣也认为王珐没有虚言。

◎点评

从王珐的评论里我们不难看出，唐太宗身边的大臣中，每个人都有自己的特长。但最重要的是唐太宗可以安排他们到合适的岗位上去，使其能够各司其职，从而让整个国家得以繁荣稳定。

身为领导，如果没有发掘潜在人才的眼力，只是经常批评某人做得不好，这就无疑是把企业推向了万劫不复的深渊。因为在旁人眼里，“你用的都是没用的人，你的企业也好不到哪儿去”。

彼得原理

“彼得原理”是美国管理学家劳伦斯·彼得根据不同组织中晋升员工的失败案例总结出来的规律。它的大致含义是：“在有等级制度的企业中，员工们都希望能上升到自己无法胜任的职位。”

有些员工因为平时表现较好，通常会被晋升到更高级别的岗位上去；然后，如果表现依然良好，就会得到再次晋升的机会，一直到他无法胜任的高度。由此彼得推论出：“长此以往，组织中的任何一个职位，都会被一些不能胜任的员工占据。而多数工作任务，都是被这些不称职的员工完成的。”可见盲目晋升员工，会让企业自食恶果。

现代企业中大都采用层级组织制度，不断有新人上任，用来填补由退休、辞职、解雇或意外死亡带来的空缺岗位。层级组织就好比是梯子，人们都想往上爬，因为爬得越高意味着可以拿到更高的薪酬，但人们往往没有意识到“高处不胜寒”。例如，一个收入相对稳定的员工，长期以来已经习惯了自己的理财方式。可一旦薪酬成倍提高后，就很可能变得无法合理支配，这不是帮助员工而是害了他们。

◎案例

小张在一家IT公司做程序员，由于他平时工作非常努力，人际关系也不错，同事和公司领导都很欣赏他。小张也很喜欢这份工作，因为他能够从中得到很多乐趣。前不久他被提升为项目主管，小张下定决心要以更好的业绩来回报上司的知遇之恩。他比往日更加勤奋地投入到工作中，生怕做不好上司会怪罪。

但上任不久后，小张逐渐认识到项目主管并不那么好做。大致体现在三个方面：

第一，自己在从事程序开发工作之余，还要为管理好项目小组投入大量的精力。事无大小，都要他来处理，经常忙得他焦头烂额。

第二，工作进程很慢。无奈之下，他经常要求同事们加班到深夜，难免会积怨成仇。

第三，资历较深的老技术员不服从自己的管教，毕竟自己年轻，小张也不想得罪前辈。

结果，公司上下包括小张自己都很不满意。平时表现出色的他，由一个开心的程序员变成一个人人指责的项目主管。

◎点评

每个组织都是由不同特长的人组成的，每个人都有自己的分工。出色的表现会给公司带来效益，进而得到晋升的机会。然而，不是每个人都适合晋升，他们也许更适合现有的职务，盲目的晋升使小张上升到无法胜任的高度，导致了他的失败。

其实，无论哪一种工作，都会遇到无法胜任的员工。把一个能力欠缺的人调到其无法胜任的岗位上，他只能原地踏步，把工作环境搞得一团糟。他的表现不仅破坏了同事之间的和谐气氛，也给企业带来了不必要的损失。更可悲的是，被晋升的员工自己也无缘无故地掉入了烦恼的陷阱。

乔布斯法则

“一个优秀的员工能顶 50 个普通员工”，这是乔布斯法则的基本含义，它告诉我们企业用人宁缺毋滥。史蒂夫 · 乔布斯曾是美国苹果公司的老板，他的成就得益于自己超强的管理能力。

乔布斯说，自苹果公司成立，他大约用 1/4 的时间来招募人才，并且时常亲临现场与应聘者直接交流。在他看来，一个公司的创建者亲自负责招聘，能够让求职者更直接地了解公司内部的基本状况，这也是老板对应聘者负责任的一种表现。IT 行业急缺有创意的人才，“我过去错误地认为一个优秀的员工能顶两名普通员工，现在我觉得能顶 50 个”，所以，只要一有时间他就会亲自参与招聘。

招聘人才当然不是做给别人看的，而是公司的基本需求。假如在招聘过程中遇到某个行业的精英，而你的公司不缺这种人才，就不要勉为其难地聘用人家。让一个优秀的职员没有用武之地，无疑是巨大的浪费。最后公司无可奈何，只能选择放手，这绝不符合招募人才的初衷。

所以，招聘人才时要选择适合岗位需求的，不一定要招到最好的，但起码要保证招到的人是最合适的。比如招负责技术管理的员工，就要看对方是否踏实能干，实际经验是否丰富，懂不懂人际关系处理等。

◎案例

IBM 无疑是世界上知名的高科技公司。总经理沃森在人才管理方面有独到见解，他也经常自己去招聘现场挑选员工。在谈到自己的用人原则时，他曾经引用哲学家格尔科加德的一句话："野鸭也许可以被人驯服，但是一旦被驯服，它就失去了自己的野性，永远失去了自由。"

对于那些他并不喜欢的但有真才实学的人，提升他们时，沃森从来都是毫不犹豫的。按沃森本人的话说，他所需要的正是那些个性狂傲不羁、做事不拘小节甚至有点野性的人，往往这类人具有惊人的想象力和创造力。假如你身边能有一帮这样的助手，并且能耐心地听听他们的意见或建议，你的公司可能就会处处顺利。

沃森一直重用这种有"野鸭精神"的人，并且采取了一系列措施为员工的创造发明提供有利条件，因此，IBM 公司会不断地生产出新技术产品，在全球市场一直保持影响力。沃森的用人之道，一直是 IBM 公司得以迅猛发展的原动力。

◎点评

高层主管如果不参与招聘流程，其他人就会认为高层不在乎人才。话又说回来，假如高层主管都不在乎人才，还有谁会在乎呢？

老板亲自参加人才招聘，能够使员工感到亲和力。这向求职者发出了这样一条信息：一旦你加盟我的公司，就更容易接触到公司里的高层管理人员。其实，这也是间接地告诉求职者，来这个公司工作，比较容易受到关注。

大荣法则

日本大荣公司提出的“企业生存的最大课题是培养人才”，被人们称为“大荣法则”。在企业发展的过程中，不断提高员工的素质，比改善设备条件更加重要。想要让员工的素质得到提高，就要经常开展相关教育与培训工作，从启发员工的思想开始，更新员工的专业技能。

培养人才好比种一块庄稼地，而招聘人才就像买别人的树苗一样。种子要自己播撒，树苗需要购买（挖人才），但无论使用哪种方式，这些植物最终都要长在企业的土壤里，于是土壤的质量就成为种子或是树苗能否茁壮成长的关键因素。其实，这片土壤就像是企业中的文化氛围。如果一个企业无法营造出良好的氛围，就像土壤失去了水分和养料，种子不能发芽，树苗也会一天天枯死。

◎案例

中国正式加入世界贸易组织后，着实为国内各大企业带来了不少商机。春兰集团为顺利把本土空调推向世界，首先把培养人才放在了第一位，并在这方面采取了3项重要措施。

首先，要营造一个良好的学习环境。春兰学院是春兰人自主投资建成的，学院内各种设备一应俱全。

其次，建立完善的培训制度。春兰拟订了完善的职工培训计划，规定每一位职员必须每年参加相应的继续教育，对专业技术人员的要求则更加严格。

最后，与著名的高校建立长期的合作关系，共同培养人才。比如，美国的麻省理工学院，中国的南京大学、上海交通大学和上海理工大学等。

正是因为重视人才的培养，使春兰集团由年产值不到1000万的小企业，摇身一变成为年产值30多亿的国家级大型企业，发展成为中国最大的空调生产基地之一。

◎点评

春兰集团迅速成长的经验告诉我们，企业发展的动力是企业自己创造出来的，尤其是对于进入国际市场的国内企业来说，越来越需要紧跟时代的步伐，努力培养好现有的人才，才能保证企业的持续性发展，从而更加有效地参与国际竞争。

任何企业的生存和发展，都离不开人才队伍的建设，没有了人才，企业也就无所谓企业，一切都将无从谈起。所以说，是否关注对人才的培养，与一个企业的成败息息相关！企业发展的关键因素包含很多方面，比如流动资金的数量、职工的素质以及产品的质量等，其中人才是最为重要的。如今，仍然有很多企业管理者没有认识到人才培养的重要性，或者关注了这一点，但没有积极落实，反而着重追求业务量，这种做法是不科学的。

海潮效应

海浪是因为天体之间的引力而涨落的，引力大的时候就会出现大潮，引力较小则出现小潮。这就是海潮效应的解释。

人才与企业之间的关系何尝不是如此？人才的发展离不开企业，而企业的发展也离不开人才。对于一个企业来说，要达到人才的合理配置，也面临着调节对人才的待遇问题。

改善对人才的待遇，首先要考虑其物质需求。因为，这也是整个人类赖以生存的第一需求。相对于发达国家，我国大部分企业里，职工的收入普遍较低。这也是很多外企选择来中国办厂的原因，中国劳动力的低廉价格可以为其节省开支。时代在发展，职工的生活所需日益升级，要改善对人才的待遇，就要做到以下几个方面：

首先，拉开职工收入的档次。这一点在很多大集团公司的工资改革中已经有所体现。

其次，对职员提出的好建议，或是创造性的技术改革，提供相应的奖励。

再次，对不同分工的岗位制订不同的薪酬方案，以此提高员工的工作积极性，通过绩效考核方式逐渐完善各部门、各级别的薪酬分配方法。

最后，采取技术入股、利润提成的方法，让每一个员工认识到，有创造力才会有更多的回报。

◎案例

从前有位国君，打算用千两黄金买一匹千里马。可是3年过去了，一直没有出现千里马。国君正为此事烦恼，这时有位手下自请前去买马，国君很快答应了他。3个月过后，这个人才打听到哪里有卖千里马的。不幸的是，当他赶到时，那匹马已经死了。无奈之下，他花500两金子买了马的骨头，献给了国君。国君大怒，责备了他。

手下辩解道："我这样做，是为了让天下人都明白，您是真心实意要买马的。马死了您连骨头都要买，这样就能反映出您迫切的心情。”

果然，几个月过后，就有人主动送来了几匹千里马，国君终于达成所愿。

◎点评

国君可以用买马骨的方法买到千里马，这正是海潮效应的体现。人才是强国之根本，想要招募到自己需要的人才，首先要表现出你的真心实意。故事里的手下帮助国君做到了这一点，若不是如此，可能这位国君还要等更长的时间。养马的人感受到了国君的诚心，并且觉得这位国君是个十分珍爱千里马的人，所以才会主动送马。

这个故事同样适用于企业管理中，要用人才就必须调节企业对人才的待遇，这样才能提高一个岗位对优秀员工的吸引力，从而达到人才的合理配置。同时应该加大企业急需人才的宣传力度，营造出一种尊重知识、重视人才的文化氛围，以高调的姿态吸引人才的加入。

正像很多知名企业提出的管理理念一样，“用待遇吸引人，用感情凝聚人，用事业激励人”。

第三章

管理要人性化

在企业管理过程中，人性化管理要求以人性为基础，挖掘员工的最大潜能。对员工要尊重，以物质激励和精神激励调动员工的积极性，为他们的成长和发展提供更多的机会，这些都属于人性化管理的范畴。人性化管理这门管理哲学，要求管理者对人性有所了解。

管理过程中多点人情味，可以让员工对企业的认同感和忠诚度大幅提高。正所谓“得人心者得天下！”若想让企业在竞争中无往不胜，首先应该想方设法地俘获员工的心。

实行人性化管理，需要管理者摆正企业与员工的位置。说得通俗一点，就是把员工当人看。管理者疏于对员工的关心和理解，就会使管理工作失去平等意识，最终导致整个企业丧失凝聚力。所以，不能不把员工当回事，管理者要以平等意识为核心，给员工必要的尊重。

不要鞭打自己的员工

不要以为手拿皮鞭，就能够让下属听话。记住：用皮鞭是抽打不出士气的，那只会使士气更加低落；用情感激励士气，将会使士气大为高涨。人是情感的动物，善于向下属进行感情投资，有时比物质奖励更能赢取人心，能有效地凝聚员工对企业的忠诚，这是推动企业加速前进的强大动力。

几乎所有成功的领导都善于说服，而说服的一个重要手段是榜样。榜样的力量是无穷的。树立一个好榜样，能够引起人们感情上的共鸣，给人以鼓舞、教育和鞭策，能激起人们效仿和学习的愿望，能丰富人的感情、端正人的思想、指导人的行为。企业管理者也是这样，在进行企业管理的过程中，卓越的企业管理者总是能够很好地利用那些成功的事例来说服自己的下属为企业做出更大的贡献。

美国著名的心理学家、组织行为学家赫伦认为，人人都有一种互相攀比的心理，所以当一位员工看到另一位跟自己在各方面都差不多的员工，因为做了某事而受到表彰或晋升时，他就会动力十足地去效仿那位员工——这也正是优秀员工的榜样作用所在。特别是在那些需要员工时刻关注自己的业绩的企业当中，优秀员工的榜样作用尤为明显。

可以说，在任何组织和企业中，模范员工都代表着一种强大的力量，这一方面是因为这些员工本身通常都具有极强的能力，他们已经在自己的工作岗位上做出了超出常人的成绩；另一方面是因为这些员工能够在自己周围形成一种氛围，不断促使身边的员工自发地努力工作。所以，模范员工对任何组织和企业都是一笔十分宝贵的财富。

◎案例

拿破仑非常善于运用情感激励官兵士气。在征服意大利的一次战斗中，拿破仑夜间巡岗查哨，发现一名哨兵斜倚着树根睡着了。他没有喊醒哨兵，却拿起枪替他站岗约半个小时。哨兵从沉睡中惊醒，认出替他放哨的正是司令官，十分惶恐和绝望，跪倒在他的面前。

拿破仑却和蔼地说："朋友，这是你的枪。你们艰苦作战，又走了那么长的路，打瞌睡是可以谅解的；但是目前，一时的疏忽就可能断送全军。我正好不困，就替你站了一会儿，下次可要小心。"

◎点评

众所周知，哨兵在岗位上睡觉，是要以军纪论处的，但拿破仑对因长途跋涉、疲惫不堪而偶尔失职的哨兵却没有那样做，而是从情感出发，批评哨兵，这就使官兵从内心拥护他、爱戴他，不折不扣地执行他的命令。

用微笑换取黄金

世界上最美的语言是微笑。它虽然没有声音，却能够从内心深处打动别人。同时，微笑也是人际关系中最好的"润滑剂"，无须做任何解释，就能把人与人之间的距离拉得更近。就像世界著名成功学家卡耐基说的那样："笑容就像太阳一样，能够照亮所有看到它的人，并给他们带来温暖。"

有些管理者一直没能领悟微笑的含义。在他们看来，做领导就应该严肃，这样才能有威严，下属才会言听计从，如果经常微笑就表示自己没有威严，下属们也就跟着“飘飘然”了。其实，企业管理虽然离不开严肃，但微笑也是同样重要的。我们不能不分场合地随时保持严肃，当然也不能处处展现微笑。应该微笑的时候就不要吝惜自己的笑容，它不会影响到我们所谓的“威严”，反而会逐渐增加领导自身的魅力。

也有些管理者采取极端的态度。他们认为，不但要严肃，而且要达到让员工恐惧的程度，恐惧就代表着服从。这种观点比上一个错得更加离谱，出于惧怕而服从的员工，就好比面对心理扭曲的父亲的孩子一样，教育的效果能好到哪里去呢？这样的服从，非但无法给领导者增添威严，反而会折损其形象。假如下属对上司有了恐惧心理，他们肯定不敢给上司提意见，甚至会处处躲着上司，管理者的工作也就无法开展。

◎案例

美国有位著名的企业家名叫吉姆·丹尼尔，他把濒临破产的企业用一张“笑脸”神奇般地挽救了回来。当时这家公司已经严重亏损，高层派丹尼尔任总经理，在他的管理下，公司很快扭亏为盈。丹尼尔的办法很简单，他把“一张笑脸”作为公司的标志，连公司使用的信笺和信封上都印上了一个乐呵呵的笑脸。另外，在工厂里到处贴着这样的标语——“如果你看到一个人脸上没有笑容，请把你的笑容分些给他”。

他经常面带微笑地行走于各大车间，用自己的管理方法执行上级的命令。结果，员工们被他的乐观情绪打动，整个公司在几乎没有增加投资的情况下，生产效率竟然提高了很多！公司的大客户接踵而至，不到5年时间就还清了所有欠款，并且获得了丰厚的盈利。

◎点评

时常面带微笑，会让别人感受到你的魅力，有了这种魅力才能让你更加自信。有了自信，人们才能以不屈不挠的精神扛起肩上的重任。

微笑是简单的，也是不易的。之所以说它简单，是因为微笑用到的面部肌肉要远少于眉头紧锁动用的面部肌肉；说它不易，是因为微笑是发自内心的真情流露而不是装出来的，需要你拥有宽阔的胸襟。

因此，学会微笑，应该成为企业领导者加强员工队伍建设的一堂必修课。

有倾听才会有沟通

人只有一张嘴巴，却有两只耳朵，这就意味着人们应该多听少讲。在企业内部，倾听一直都是管理者与员工进行有效沟通的基础。多数管理者追求一种“说到做到”的境界，但有时候说得过多了，“说”反而会成为“做”的绊脚石。

因此，管理者在履行自己职责的过程中，也要掌握一些“听”的艺术。虚心听取别人的意见，才能在职业生涯中有所进步，想要更好地说出自己，先要耐心地倾听别人；自己的意见不够成熟的时候，不要轻率地发表出来，误导了别人，也可能伤害自己；想让自己逐渐成熟起来，就应该多听、多做、少说。

当然也不能什么话都听，也许别人的意见本身就不够成熟，说出来的话也就成了无用的信息，如果是这样，听了也是白费工夫。当面指出其错误，难免会打消别人的积极性，就当作什么也没听见吧，让他们日后再逐渐领会。

当你意识到员工的意见的确比自己更有深度时，你就要多听少讲了。由于文化程度或职业技能的不同，也许你的员工在某个领域比你懂得还要多，这时候你就要虚心一点，听完再做定夺。

◎案例

元朝有一位叫何澄的大画家，受《世说新语》中一个故事的影响，画了一幅《陶母剪发图》。画上描绘着这样一个场景：陶侃是晋国一个贫困潦倒的青年，有一天，他的朋友千里迢迢地来拜访他，迫于没有钱置办酒席，陶侃的母亲无奈之下，只好剪了自己的头发拿去换钱。

何澄画完这幅画后非常得意，拿去给乡亲们看，不料刚走出家门就被年仅8岁的岳柱看出了漏洞。孩子说道："你的画从表面上看是不错，但有个地方很多余。陶侃的家里不是很穷吗？为什么他母亲手上还戴着金手镯？把镯子卖掉也能换不少钱，为什么偏要把自己的头发剪下来呢？这也太不合情理了。"

听完这些话，何澄自惭形秽，脸一下子红了起来。这个孩子没有考虑《陶母剪发图》所宣扬的大道理，而是通过自己对生活细节的关注去理解画里的意思。然而，正是这种理解才一下刺中了要害。

◎点评

管理者多听听别人的意见，或许就像这位画家得到孩子的点评一样，也能有不小的收获。善于倾听别人的意见，是对别人的尊重，可以换来别人对自己的尊重。多听不同的意见，可以让自己的水准得到提高。

倾听通常能获取有效的信息，掌握了足够多的信息，才能更好地和别人沟通。领导和员工的日常沟通也是如此，倾听能给予员工更多的尊重，也能提升领导做好管理工作的能力。管理者也是一个普通人，无论在生活中，还是在工作中，都应该时时处处地耐心倾听，把握住每一次倾听别人发表意见的机会。

一把钥匙开一把锁

美国职业培训专家史蒂文·布朗讲过这样一句话："一旦找到了打开某人心锁的钥匙，往往可以反复用这把钥匙去打开他的某些心锁。"这句话已经成为现代企业管理界广为人知的格言。

喜欢和人沟通原本是一件好事，但有的时候，当企业领导真诚地和下属交流时，会不经意地陷自己于尴尬的境地：有些员工思想古怪，似乎和任何人都水火不容，作茧自缚地被个人的烦恼束缚着。这样的人往往情绪低落，拒绝回应外界传来的信息，像冬天里的刺猬一样整日蜷缩着，别人很难触及他的内心世界，稍有不慎就会有被刺伤的危险。

其实，这种表现是受到强烈的刺激后所导致的暂时性心理障碍。可以刺痛人们心灵的东西有很多，比如亲人的离散、爱情的挫折和友情的失落等。受到这些打击后，人们对生活的态度就会极度反常，简直判若两人。也许这样的人曾经在你心中留下过美好的印象：他是众多职员里首屈一指的工作能手，曾经善于和别人沟通交流，但现在他变了，变得不容易接触了。

我们不能在员工最需要情感支持的时候放弃和他们沟通，要以你和他的共同之处作为沟通的条件，走进他的心灵，找到开启他心锁的钥匙。

◎案例

一位非常虔诚的修女为了拯救受苦受难的人们，一个人来到了印度。

印度种姓制度把人们分为几个等级，除了婆罗门、刹帝利、吠舍、首陀罗这四个等级以外，剩下的都是“贱民”，也称为不可接触者。这些不可接触者是不允许穿鞋子的。

当这位修女看到当地的人们都不穿鞋子的时候，她决定不再穿鞋。因为只有这样才能够接触到他们，从而为他们提供帮助。英国的戴安娜王妃听说了她的事迹后，曾经到印度拜访她。然而，当地的印度人看见王妃就吓得躲得远远的。直到后来，王妃才了解到其中的缘由，并因自己穿了精致的高跟鞋而羞愧万分。

后来当地发生了战争，两个“不穿鞋”的部落打了起来。修女一个人来到战场，当时两个部落正杀得你死我活、难解难分，发现修女后都纷纷放下了武器，一直等她把战区里的妇女和儿童都救了出来。

这位高尚的修女就是特蕾莎，在她死后，印度人民举国哀悼。为了表示对她的尊重，人们不愿意比她站得还高，她的灵柩经过的地方，没有人会站在楼上。直到遗体下葬，她的双脚依然没有穿鞋。

◎点评

找到心锁就是沟通的良好开端。特蕾莎之所以能够得到印度人民的尊重，是因为她知道人们不敢接触权贵的真正原因，只有采取不穿鞋的行动才能贴近他们的心灵，让他们感觉到自己被关爱、被呵护。

打开别人的心锁，是一个需要耐心的过程，需要管理者仔细地寻找。首先要“由外而内”，根据一些表面现象逐步加以分析。另外，要“以小见大”，通过他们言谈举止的细微变化，找到扎在心上的那根“刺”。

皮格马利翁效应

“皮格马利翁效应”是美国著名心理学家罗森塔尔在小学教学实践过程中提出的，所以它也被称为“罗森塔尔效应”。这个效应的实际意义在于它阐述了暗示是人类的正常情感，每一个人都有可能在一定程度上下意识地受到别人的影响。人们通常都喜欢接受自己喜欢并且信任的人的暗示，这种暗示会帮助他们实现自己的愿望。

对一个人给予必要的赞美、信任和期待，会间接地改变他的行为。得到别人的信任和赞美时，他会觉得获得了支持，从而更加自信，为了不让对方失望，他会工作得更加卖力。

所以，根据“皮格马利翁效应”，在管理领域，要使员工发挥主动性和创造性，管理者要对员工进行感情投资，给他们特别的关怀和诱导。在要求员工按时完成任务时，经常对他们说：“你肯定能行”“你是好样的”等。在潜意识的激励下，员工会按照你的意愿发展。也许，一个普通的员工本来是无法完成任务的，但经过此番激励，他们会变成各自岗位上的行家，超额完成工作任务。

◎案例

王先生在一家外贸公司已经工作了5年时间，科班出身的他一直业绩平平。主要原因是他以前的上司刘总不把他放在眼里，为人非常刻薄。他从来都不表扬王先生的工作成绩，还经常冷落他。

一次，作为销售助理的王先生出于公司的需要，主动搜集了一些国外最新的环保标准相关资料，交给了刘总。不料刘总非但不赞许他，反而责备王先生懈怠了自己的本职工作。从此，王先生不再对本职工作以外的事情提出自己的建议。

几个月后，因为公司产品不符合国际环保标准而全部作废，这位刘总被公司高层直接辞退。在王先生看来，刘总之所以不欣赏自己，是因为他不懂阿谀奉承，拍上司的马屁。

不久后，从美国回来的江总上任，这个人性格开朗，善于赞赏同事，提倡员工们不要拘泥于职责限制，只要对公司发展有利，尽管畅所欲言。这种新作风很快得到共鸣，在江总的带动下，王先生开始积极地发表意见，并且经常得到鼓励，慢慢地学会了新的知识，比如起草合同、与外商谈判，等等。王先生自己都感到惊讶，原来他也有这么多的潜力可以挖掘。以前在公司默默无闻的他，摇身一变成为销售精英，得到了公司的重用。

◎点评

其实，王先生的变化，正是因为“皮格马利翁效应”起了作用。一直得不到应有的重视，得不到上司的激励，甚至经常被泼冷水，员工容易被负面信息包围，从而不敢对自己有过高的评价。反之，信任并时常赞扬员工，能促使他们取得更好的业绩。

马蝇效应

“马蝇效应”讲的是一种激励作用，意思是：一匹十分懒惰的马，如果身上趴着几只马蝇，不停地叮咬，它就会振奋精神，飞快地奔跑。

“马蝇效应”引申自美国前总统林肯的一段对白。当时有人偷偷告诉他，一个叫蔡思的家伙混迹于美国政府，准备谋求总统职位。林肯语重心长地说："假如有一只叫'总统欲'的马蝇正叮着蔡思先生的屁股，相信他会努力地奔跑，做一名合格的总统，这是好事，我们不能帮他把马蝇打死。"

其实，"马蝇效应"能带给人两种不同的激励效果：

正面激励：通过正确的引导和激励，让员工学会把握人生方向，懂得经过努力奋斗才能换取成功的果实，在工作时就会更加积极主动。

负面激励：每个人都是有私心的，并且可能会存在惰性的心态。这种人越是有马蝇叮咬，他就越觉得生活艰难，不但不思悔改，反而更加堕落。

员工的思想工作是很难做的。很多时候公司过于注重规章制度，而忽略了对员工思想的开导。作为一个成功的管理者，最大的贡献莫过于组建一支同心协力的团队。在这个团队里，员工们有着不同的专业知识和特殊技能。因此，管理者需要付出比员工更多的努力，掌握更多的知识，才能真正了解每一位员工。

依靠自己的智慧，有效运用"马蝇效应"，把不好管理又有卓越才能的员工团结起来，发挥他们应有的作用，才能为公司的发展积攒足够的能量。

◎案例

麦当劳公司的管理者为激发员工的工作热情，不断地给优秀员工提供晋升的机会。公司高层做出规定，凡是表现比较出色的员工，在麦当劳工作满 8 ~ 14 个月后，就会被提升为一级助理，协助经理处理公司事务。通过这个阶段的考核后，表现更加出色的一级助理就会被提升为经理，让他们成为一名合格的管理者。

与此同时，麦当劳为了让优秀人才不至于埋没太久，特意实行这样一种制度：管理人员不能在一定时间内发现优秀员工，将失去继续升迁的机会。这条规定的实施使麦当劳避免了人才青黄不接的状况。这种激励的方法正像“马蝇”一样时刻叮咬着每一位员工，让优秀的马儿不停地奔跑着。

◎点评

员工越优秀就越不好管理，强烈的表现欲时刻影响着他们，如果得不到领导的赏识，他们就会跳槽，或混迹于公司内部从中作祟，毁坏公司的形象。要想让优秀员工更加卖力地为公司做事，就需要不断提供可以激励他们的东西，也就是“马蝇”。至于如何提供，就要看管理者的智慧了。

人有欲望是不可避免的，有些人是理想主义者，他们更需要精神层面的支持，比如荣誉或者尊重。有的人功利思想比较严重，他们大部分时间都在追求物质上的富有，也就是金钱。激励员工要投其所好，对不同的人采用不同的方法，让这些“马儿”尽快跑起来。

南风法则

“南风法则”也有一个很好听的名字——“温暖法则”，源自一则寓言。说的是，有一天北风和南风巧遇，二者有意比试一下谁的威力大，看谁能先把路人的外套吹下来。北风一开始就用尽全力，吹得路人东倒西歪，他们为了遮挡风尘和寒冷，只好裹紧了外套。南风则刻意放慢了速度，缓缓吹了起来，一时间风和日丽，给路人带来暖意，几分钟后路人解开了扣子，脱掉了外套，南风大获全胜。

这则寓言告诉我们一个道理：无论什么时候，人们需要的温暖永远比寒冷多。领导者应该在管理过程中适当地运用“南风法则”，多一点人情味，给予下属必要的尊重和关心，而非一味地呵斥和谴责。这样才能让员工感受到领导带来的温暖，更加积极地完成自己的任务。

人力资源管理中，如何取得人心是管理者的必修课。这门课旨在要求管理者在企业这个小国度里实行仁政，也就是“温情管理”。简单来说，就是放下官架子，融入员工的生活中去，帮助他们排忧解难。

具体方法可概括为以下三点：

1. 尊重你的下属。找到员工的优点，并且加以赏识。

2. 给予下属充分的关心。了解员工的生活困难，在必要时给予帮助。

3. 信任你的下属。信任是组织成员之间凝聚能量的基础。

◎案例

1930年初，正值世界经济大萧条时期，日本也没有逃过这一劫。在当地，很多厂家都选择裁员、降低工资，员工的生活状况急转而下。松下电器公司的商品堆积如山，销售额严重下降，资金没有办法周转。公司高层管理者提出裁员，还在医院养病的松下幸之助得到消息后一口回绝了。他决定不辞退任何员工，并且工资照发，要求员工们帮助销售库存的商品。强大的集体力量瞬间爆发，职员们每天早早地来公司排队上班，只用了3个月的时间，库存商品就销售一空。

这个伟大的决策帮助松下公司化险为夷。其实，在松下的经营史上，类似的危机出现过不止一次，但松下幸之助在关键时刻始终没有抛弃自己的员工。在他看来，员工就是自己的家人，他们一直都在帮助自己，所以不能在最困难的时候翻脸无情。松下幸之助在员工中也一直有好口碑。

◎点评

作为化解危机的方法，松下公司以员工为企业之本，不仅得到了员工的大力支持，而且组建起一支无坚不摧的队伍。正是由于松下一直坚持以人为本的思想，给予员工必要的尊重和关心，才一次又一次在紧要关头化险为夷。

中国有句古话："得人心者得天下！"意思是，在企业管理领域里，只有在真正意义上贴近员工的心灵，他们才会忠于你的企业，尽心尽力地为你效力。所以，我们在企业管理中应该多从人性的角度去考虑，去除管理者自身的铜臭味，才有可能培养出员工对企业的认同感。有了这个保障，在企业最需要的时候，才可以得到员工的支持，帮助企业绝处逢生。

互惠关系定律

互惠关系定律虽源自心理学范畴，但同样适用于管理学。这条定律告诉人们："对别人付出，别人就会为你付出；去剥夺别人，就会遭到别人的剥夺。信任会赢得信任，而怀疑就会被别人怀疑。去爱一个人会得到爱的回报，仇恨只会平添更多的仇恨。"大部分人是感性大于理性的，毕竟都是血肉之躯。"士为知己者死"讲的也是同样的道理，一位普通的员工心甘情愿地为上司倾力效劳，是因为他清楚地认识到自己存在的价值，但前提是上司必须同样真诚地帮助员工。

一个合格的管理者，可以激起员工的忠诚，把弱小的个人组合成为一个强大的集体。这也体现出一种互惠互利的关系，因为集体的力量毕竟大于个体，个体的能量越大，集体就越强大；另一方面，集体越强大，也越容易激起个体的斗志，这是一个良性的循环。要激起员工的斗志，先要从善待他们做起，力图达到互惠互利的目的。

◎案例

尼泊尔的山路上大雪纷飞、寒风刺骨，一个男人孤单地走了很久，希望能遇见一位路友。几天后，他偶遇了一位旅行家，路上有个伴，他心里踏实多了，免得冻死了连个收尸的人都没有。

为了尽量少耗费体内的热能，他们二人很少开口说话。山路陡峭，加上天公不作美，半天过去了也没走出多远。暮色降临的时候，他们看见一位老人倒在雪堆里。

男人说："我们救救这个人吧，不然他会冻死在这儿的。"

旅行家冷笑道："得了吧，这种天气自己都不知道能活多久，哪还有心思照顾他？"说完便扬长而去。

无奈之下，男人只好背起老人继续赶路，从夜晚走到了黎明。太阳出来的时候，男人全身被汗水浸透，受到这股热气的温暖，老人慢慢醒了过来，男人越走越热，早已趋走寒冷。

男人又从白天走到了黑夜，终于赶到方圆几十里唯一的小镇。"老爷爷，我们得救了，我带您去找个住的地方吧！"他高兴地说。下坡的时候，两人发现路边躺着一具尸体，仔细一瞧，原来是之前遇到的那个旅行家。小镇近在眼前，这位自私的旅行家却永远也走不到了。

◎点评

"爱你等于爱自己"，这是一首歌的名字，话虽简单但寓意深刻。其实这个故事也反映出人际关系的"核心含义"——给别人所需要的，别人就会相应回报你所需要的。

管理者如果不能适当善待员工，也就不用指望员工对他忠心耿耿了。一个有天赋的管理者懂得怎样支持自己的下属，把他们需要的提供出来，避免惹出不必要的争端。这样的管理者心里也很清楚，只有集体中的每一个人都处在互惠互利的状态下，工作才能越做越好。这样的企业，才能真正做到整体效率大于个人努力，只有这样才能使企业越做越红火。

蓝斯登定律

蓝斯登定律的提出者是美国管理学家蓝斯登，他提出，上司应该做员工的朋友，而不是他们的“父亲”，管理者应该为员工创造出一个心情愉悦的工作环境。

工作效率最高的员工，往往是工作心情舒畅的员工，这得益于一个愉快的工作环境。情绪高涨的人做事情才会得心应手，工作环境恶劣，容易使人产生抵触心理，工作绩效当然也难以提高。可以为员工提供良好工作环境的人，正是公司里的管理者。

在很多公司里，一些管理者总喜欢板着一张脸，刻意地把自己塑造成家长的形象。或许他们认为这样能让下属尊重自己,有利于树立威信，以便于管理下属。其实，他正一步步走入管理误区，忽视了现代人的平等意识。

中国的大部分企业，正值发展的初级或中级阶段。如何在激烈的市场竞争中站稳脚跟，得到可持续发展，可以说是所有企业面临的普遍问题。由于经常受到外界环境的影响，很多企业都无法独善其身，因此，也就忽略了员工的工作环境。老板逐渐变得脾气暴躁，而员工则做了老板的出气筒。急躁的老板造就了情绪低落的员工，间接地阻碍了企业的正常运行。

◎案例

美国亨氏公司的创办者亨利·海因茨，经常和自己的员工聊天，及时了解他们对自己管理方式的看法以及员工生活上的困难。他善于协调和员工之间的关系，职员们都很喜欢他。

有一次，他去很远的地方旅行，但第三天就回来了，员工们都很纳闷，其中一个忍不住问了原因。亨利笑着回答说：“你们不在身边，我很不习惯！”接着，他带着几名员工，把一个大箱子抬了进来，里面赫然躺着一只短吻鳄。

“来看看吧，这家伙可好玩儿了！”亨利面带微笑说。

毕竟短吻鳄在当地并不容易见到，员工们纷纷围上前来看了又看，都觉得的确好玩。亨利继续讲道：“这趟旅行虽然用的时间并不多，但是它给我留下了最难忘的记忆，因此我把它买回来，让大家和我一起快乐！”

正是亨利这种善于和员工分享快乐的方式，才给亨氏公司创造了一个其乐融融的工作环境，亨利的继任者们一直保持着他的这种风格，不断地创造着亨氏公司的辉煌。

◎点评

假如让你选择“跟朋友一起工作，还是跟父亲一起工作”，可能大部分都会选择前者，因为跟朋友在一起往往比和父亲在一起容易放得开，做事情也会更得心应手。你给员工一个快乐的工作环境，员工就会给你高效率的回报，何乐而不为呢?

心情愉悦的员工可以发挥自己的潜力，工作起来更加积极主动。快乐的员工还可以把自己的快乐带给公司的客户，这样也就在无形中为企业树立起了良好的形象。一个快乐的企业，可以把这种快乐转化为自己的文化，才能留住它需要的人才，创造出管理者所需要的业绩。

柔性管理法则

优秀的企业领导者、商业巨头，通常给人一种自信心超强的印象，他们遇到困难时总能独当一面，从不畏畏缩缩。这类人在其组织内部经常采用刚性管理的风格，在他们看来，柔性管理是管理阶层能力不足的表现。

实则不然。假如有一天你当上了管理者，就会发现，刚性管理不一定是最有效的。过于自信有时是傲慢的表现，不切实际的果断会逐渐演变为“独裁”。而不屈不挠的刚烈性格，有时只是不肯认错的借口罢了。

刚性管理的主要表现为“以规章制度为核心”，领导者处理问题时只会上纲上线。而柔性管理则侧重于“以人为核心”的人本思想，处理争端时，管理者选择采用非强制性的管理方式，动之以情、晓之以理，说服自己的员工，让他们自觉起来。

柔性管理的优势在于它根植于员工的心理，使员工从内心深处认识到自己的价值，进而激发其工作的主动性。而刚性管理要求员工被迫接受，这样会带给他们沉重的心理负担，从而对管理者产生反感。

◎案例

大连三洋制冷有限公司成立于激烈的市场竞争中，以当时的局势来看，该公司需要移走两座大山：一是对外面临同行业竞争对手给予的压力；二是其组织内部需要引进高科技的生产技术，而员工在文化程度和价值观念上存在巨大的差异，急需统一经营理念并完善规章制度，以满足公司发展所需。所以，公司在成立之初就选择以严格作为企业管理的主旨，不断强化员工遵循规章制度的意识。

但是，随着公司的发展，员工的素质不断提高，先前制定的规章制度已经不再符合公司的管理需求，员工们逐渐觉得条条框框的工作环境枯燥乏味。更重要的是，市场竞争依然激烈，公司急需提高自身的应变能力，增加消费者需要的产品种类。因此，公司转而采用促进员工自我改善的柔性管理方法，着重培养员工自我管理的能力，从而使强制管理逐渐变为自我管理，满足了公司发展需求。

这一管理方法的转变使大连三洋制冷有限公司的领导者慢慢认识到一个事实：员工是可以自我实现的社会人，而不是单纯的经济人。由此，大连三洋制冷有限公司将柔性管理作为自己独特的管理理念，在其组织内部一直沿用至今。

通过这种管理方式，大连三洋制冷有限公司连续多年利税过亿，很快收回了投资成本，给公司带来成倍的业绩增长。

◎点评

大连三洋制冷有限公司的成功案例告诉我们，让员工自我改善并不等于放任自流、恣意妄为，而是在严格的规范管理的基础上，不断培养高素质的员工，让员工自发地为自己的行为负责。这种柔性管理的方式，可以使员工的自我价值融合于企业发展的目标。

坎特法则

尊重员工是人性化管理的必然要求，是管理者们应该具备的基本职业素养，也是高回报率的感情投资——这就是“坎特法则”的基本含义。

大部分员工都希望可以在工作中找到乐趣，他们喜欢有魅力的管理者。这样的管理者能够给他们应有的尊重，激发他们的进取精神，把工作圈子视为精神乐园。

每个人都有自尊心，都希望得到别人的尊重，企业的员工也是这样。员工是企业最活跃、也是最富有创造力的团体，企业的成败取决于他们的工作成绩。他们都渴望管理者可以采纳自己的建议，认可自己的工作能力。

尊重员工的其中一条就是要给员工足够的私人空间，不要无时无刻地监视他们。责怪他们工作效率低，还不如教会他们合理利用时间的方法，指引他们制订自己的工作计划。

不要总是担心员工质疑自己的管理能力，也不要每天都在公司宣传所谓敬业精神。适当地让他们的自尊心得到满足，使其学会正确地认识和评估自己。如果经常藐视他们，他们可能会放弃配合你的工作。

◎案例

四川的一家民营企业发展迅猛，老板求贤若渴，不惜花百万年薪聘用 CEO。但招聘来的人大都不愿意留在这里，因为这位老板虽然重视人才，但他好为人师、非常自我，做任何事都很强势，根本不听别人的意见。空降兵一样的高层管理者一个接一个被招进来，又接二连三地匆匆跳槽离开。

这家企业流传着一句顺口溜，“三个月的人才，六个月的蠢材，九个月的废柴（才）”，大部分CEO的任职都无法超过一年时间。老板把招CEO视同儿戏，常年招人却不重视他们。

众多CEO的解释是：“他聘请我们去做管理者，但我们在做成果汇报的时候，常常被他打断。他总是大谈自己的想法，并且经常言过其实。我们辩解时，他也是同样的态度，大手一挥让我们闭嘴，这种做事风格怕是没人能习惯。我觉得这样的企业，选择离开也没什么可惜的。”

从长远的角度考虑，这家企业因为领导不懂尊重人才，将来很可能会栽跟头。

◎点评

对员工的尊重其实是对企业的尊重。要多听听员工的意见，就算他们真的有错，也应该时常抱有宽容的心态，让他们提高自己的业务水平，最终实现个人的付出与企业的利益相统一。

员工需要被重视、被激励，这样他们才愿意和管理者和睦相处，心甘情愿地为企业做出贡献。作为管理者应该时刻从整体的利益出发，跟自己的员工打成一片，主动和他们沟通思想，共同探讨工作方法。这样一来，员工才会提高自我管理的水平，进而由依赖到独立再到互相合作，秩序井然地投入工作中去。

波特定律

波特定律的提出者是美国心理学家、行为学家莱曼·波特，他认为：当下级经常遭受严厉的批评时，他们往往只能记住开头，在剩下的时间忙于寻找理由予以反驳，所以领导只盯着员工的错误不放，通常起不到积极作用。

领导批评员工在现代企业中似乎已经司空见惯，老板为起到杀一儆百的作用，经常把犯错误的员工骂得无地自容。这样领导不但显示不出威严，反而会被误解为“惹不起”，一旦造成这种状况，下属只会千方百计地躲着你。所以，领导在管理事务时，应该学会宽容下属的错误。

当然，宽容并不等于不管不顾，批评也是要有的，只是要注意适度，不能老想着做“好好先生”，如果过度就会将宽容发展为纵容。

批评也是要讲究技巧的。假如在同一个单位，领导总是对下属同样的错误一遍又一遍地反复批评，会让员工不安和内疚，长此以往就会产生反感和厌烦情绪，进而无视上司。为避免这种情况的发生，管理者应该做到“犯一次错，只批评一次”。如果有再犯的迹象，就不要再重复同样的批评，要从其他角度出发，换一套言辞说服他，这样下属才不会有被揪住不放而无处容身的感觉，他的厌烦心理或敌对情绪才会相应地降低。

◎案例

英国有一位话剧表演大师，有一次演出开始之前，他的学生告诉他：“先生，您的鞋带松了。”大师点头说了声“谢谢”，蹲下来系好了鞋带。

等学生转身离开后，他又蹲下来把鞋带解开了。另外一位学生看到这一幕，纳闷地问：“你这是在干什么？为什么要解开鞋带呢？”

这时，表演大师回答道：“因为我要出演一位旅行者，他走了很远的路，而把鞋带解开来这个细节，表现他已经很劳累，连蹲下系上鞋带的力气都没有了。”

“那您应该告诉那个同学呀，这样他就能体会出表演学的真谛了。”

大师解释道："那位同学能发现我鞋带开了，说明他是个细心的人，他能告知于我，证明他是个热心肠的人，我不能在这个时候扑灭他的热情和积极性。我会把他留在我的身边，以后再慢慢告诉他。"

这位表演大师没有因为学生不了解自己的用心而责备他，而是选择日后在适当的时候再慢慢教导他，实在是用心良苦。

◎点评

在一个公司里，新来的员工通常都会扮演前面那位学生的角色。因为缺乏行业知识，又想表现自己的积极态度，通常会给上司提出一些错的意见。作为这个公司的管理者，你应该能够体会出他也是一番好意，即便意见提得不好，也不要当时就指出来。应该放下自己的架子，以谦虚的姿态接受，如果可以最好能说声"谢谢"，在以后的工作生活中再慢慢指导这样的员工。

假如你没这么做，而是劈头盖脸地训斥一番，对方就会站到你的对立面，其工作的积极性将会大打折扣，以后就算再有什么创意，他都不会再提出来了。员工失去了创新的勇气，公司又何谈发展呢？

刺猬法则

生物学家做过一项有趣的实验，他把几只刺猬放到屋外的空地上，想看看它们各自的反应。当时是冬天，刺猬们冻得瑟瑟发抖，为了互相取暖，它们只好靠在了一起。不久后因为难以忍受各自的刺痛，它们又不得不保持距离。可一旦离开就又会觉得冷，从靠近到分开，再靠近再分开，如此反复多次后终于找到了合适的距离，互相取暖，活了下来。

管理学中的刺猬法则，主要指的是上下级之间的“心理距离效应”。其寓意旨在告诫管理者，要处理好和下属的关系，既不能太亲密，也不能过于疏远。与下属保持合适的心理距离，能够帮助下属驱赶防备的心态和紧张的情绪，并避免下属跟上司称兄道弟、互相恭维，比如阿谀奉承、送礼、行贿等行为。合适的距离不但能赢得下属的尊重，而且可以保障上司行事公正、不失原则。

◎案例

“保持一定的距离！”是法国总统戴高乐的座右铭，不难看出他是一个善于运用“刺猬法则”的领导人。他的做事风格也影响了他和下属的关系。戴高乐做了十多年的总统，身边的智囊团包括私人秘书、参谋，竟然没有一个人工作时间超过两年。这是因为戴高乐做的规定，他任用新人原本就没打算让其工作太长时间，在他看来，一个人不能以秘书或参谋作为终生的职业，他这样规定是为下属的前途着想。

在当时，戴高乐制定这一规定出于三种原因：

其一，在他眼中，人事调动是正常的，而固定则是怪异的。这种理论受军队里的做法影响很深，因为军队是流动作战的，没有哪支部队可以在同一个战区打一辈子仗。

其二，他不想让下属产生依赖感，他终究会退休，假如平时过于亲密，届时会离不开他，无法习惯再任总统的作风。因此，他认为需要不断调动身边的人，保持一定的距离，这种距离会帮助下属生活在充满新鲜感和朝气的环境里。

其三，适当的距离也可以避免因为秘书和参谋过于了解政事，从而滋生出徇私舞弊的行为。

◎点评

戴高乐的做法是经过深思熟虑的，也是发人深省的。没有距离感，领导在做决策时经常只能听取同样几个人的看法，难免会缺乏足够的创意，还可能造成智囊团干涉过多，为己谋私利。这样的事情一旦败露，领导难辞其咎，很可能招致骂名，毁了一身清白。所以，管理者还是和下属保持距离为好。

在企业内部，领导和员工保持合适的距离，既不会让领导产生高高在上的感觉，也不会让领导和员工之间互相转换身份，这便是管理的最佳状态。保持距离并不意味着划清界限，而是要求管理者保持一定的工作原则，对所有员工一视同仁。这样才能确保领导者不断约束自己，同时也能约束自己的员工，达到管理的最佳状态。

热炉法则

热炉法则也叫作惩处法则，它要求企业制定的规章制度应该不分职位高低、人人平等。“天子犯法与庶民同罪”，就算领导自己犯了错也应该受到处罚。

热炉法则始见于西方管理界，它的实际意义在于提醒企业内部所有职员，违反规章制度就会感受到“被火炉烫伤的感觉”，也就是强化处罚手段。合理运用热炉法则，要遵循三条基本原则：

1. 即时性原则

任何人胆敢触碰“火炉”，应该立即感受到烫的感觉，也就是处罚的及时性和平等性。职员违反规定，处罚时间拖延得越久，就越不容易起到教育作用。

2. 警示性原则

要经常把“火炉”摆在那里，让大家感觉到时刻都有被烫的危险，让他们自觉地约束自己的行为。

3. 贯穿性原则

要让所有人都明白，这个“火炉”绝不是形同虚设，而是会一直贯彻下去，不要改了又改、换了又换。惩罚的落实虽然会让人觉得疼痛难忍，但绝对是有必要的。在执行处罚时态度要坚决，不能瞻前顾后、优柔寡断，那样一来“热炉”就无异于“暖炉”了。

◎案例

希望集团应对市场竞争时，在其内部一直贯彻“严厉和宽容共存”

的原则。“用钢铁般的纪律治厂，以慈母般的关怀善待员工”是希望集团的治厂方针。其处罚规定里要求，不存在“下不为例”的状况，不允许降低处罚力度。集团高层曾经有人提议把“严厉”改作“严格”，遭到集团总裁陈育新的拒绝。他认为，把“严厉”降为“严格”，就扭曲了“钢铁般”的原意。

严厉的处罚态度，是希望集团高效运转的重要支柱。数年之前，希望集团还连年亏损几百万，同行业的竞争压得公司高层抬不起头来。陈育新接手管理后，只用一年时间就扭亏为盈，几年后便达到年盈利数千万的高峰，创造了企业发展的大好局面。陈育新靠的就是“十不准”戒规。在旁人看来，陈育新制定的条规近乎苛刻，但正因为他的严厉，才逐渐培养起员工良好的工作态度，救企业于水火之中。

◎点评

严厉体现的是管理者的胆识，而宽容体现的是管理者的胸怀。严厉一定要体现出公平，它是针对所有人的，因此不允许有特例。通过严厉的处罚条例和强大的执行力度，不仅可以消除组织内部诸多不良现象，而且可以保证公司高效率地运行。

宽容也是有前提的，那就是企业管理者必须保持清醒的头脑。糊涂的宽容是达不到目的的，还会使管理者亲手毁掉“火炉”，从此不再能烫到任何人。因此，应该让宽容发生在严厉之后，先让违规员工提高自己的认识。

另外，严厉的处罚也不可以滥用，毕竟制度的初衷是善意的，重点不在于其手段有多么残酷。处罚员工关键是要遵照公开、公正、公平的原则，这样才能使员工心悦诚服，并勇于承认自己的错误。

第四章

重视决策管理

决策是管理者经常要做的事情。由于缺少必要的信息，导致管理者经常做出风险很大的决策，为了避免犯错承担责任，有些管理者甚至不参与决策，或者把属于自己的决策权推给别人。

大胆的决策一直都是企业成功的必备条件。德国有位神学家说过："强者的特征是，可以发现重要的问题并主动进行决策，而弱者则通常是被迫地做出决策。"

企业能否实现大规模的快速发展，在于企业组织能不能做出正确的决策。决策的一般解释是，决策者对某一特定问题制订出多种解决方案，并从中选择出最切实可行的一个。关于决策的理论被深入地研究后，又产生了科学决策的概念。

决策者以科学思想作为依据而做出的决策，就是所谓的科学决策。这种决策的优点是更符合客观规律和主观诉求，即充分地体现了科学理性和人文关怀。究其本质，科学决策其实是以最优化原则为基础的一种理性选择的过程。

怎样做出正确的决策

美国著名的管理学家赫伯特·西蒙认为："管理就是决策，因为管理是由各种决策组成的，所以决策是管理的心脏，是企业的命脉所在。"所以，在企业中最大的失误就是决策上的失误，而决策失误造成的问题也是最大的。因此，在关键时刻，濒临破产的企业会因为一个英明的决策而起死回生。但错误的决策则会将一个健康的企业推进万丈深渊。

在一家企业中，管理者的核心任务就是决策。一位管理学家曾经向一些企业的管理者提出 3 个问题：

1. 什么事情是你每天最重要的任务？

2. 在企业的工作中，每天花费你时间最长的事情是什么？

3. 你认为在履行工作职责时，什么是最困难的？

结果管理者对这 3 个问题的回答中，有九成是决策，由此可见决策的重要性。管理学家指出，在企业中，决策失误是最容易出现的问题，也是最不容易被发现的问题，同时还是最难解决的问题。决策是关乎企业生死存亡的大事。决策的重要性，应该引起所有企业管理者的重视。

面对市场的千变万化，决策者在进行经营管理决策时，经常要面临各种风险。一个优秀的管理者之所以不惧怕风险，并不是因为他们胆子大，而是因为他们会权衡利弊，能在众多决策中努力找出风险最小的一个。彼得·德鲁克为管理者提供了一个框架，希望这个框架可以帮助他们做出有效的决策。这个框架由 6 个要素构成：

1. 对问题进行分类

问题一般有四类。第一类是普遍性问题，在工作中多数问题可以归为此类。第二类问题，对部分决策者来说可能是独一无二的，但它已经在其他的许多企业中发生过，也具有一定的普遍性，例如并购等。第三类问题是真正独一无二的问题，这一类问题必须根据情况特殊处理，但是这类问题十分少。第四类问题便是隐藏的新的普遍情况，这一类问题需要建立新的规则解决，千万不能将它们当成没有普遍性的意外事件。

2. 对问题进行定义

在这一步，需要决策者弄清究竟出现了什么情况，是哪些因素引起了这些问题。为了正确、全面地定义所面临的问题，对照观察到的所有情况，对已有定义不断地进行检查，一旦发现原本的定义没有完全覆盖所有情况，就要摒弃原本的定义，并且重新审视问题，这是解决问题的唯一办法。

3. 明确问题的限定条件

明确将要做出的决策所要实现的目标。在这一步，最容易犯的错误是设定的几个目标相互矛盾。此外还有一点需要注意，有时决策一开始虽然是正确的，但在解决事情的过程中条件发生了改变，如果没有对原本的决策进行相应的改变，也很容易导致失败。因此，决策者要牢牢记住决策所要实现的目标的限定条件，一旦现实情况发生大的变化，就应当立刻寻找新的解决方案。

4. 不要先考虑决策是否可以接受，先判断哪些决策是正确的

如果在刚刚遇到问题时就开始考虑“什么样的决策才会被接受”，这对决策者毫无益处。因为决策者往往会因为考虑这一问题而忽略问题的关键，导致无法做出有效的决策。正确的做法应该是，先判断出正确的决策，然后根据现实情况，采取折中的可以让大家接受的决策。

5. 制定决策的过程中，将实施行动考虑在内

决策者应当清醒地认识到，决策有时只是一个美好的愿望而已。它的实现需要许多人共同的努力，因此管理者要确保任务与责任已经落实到具体的人身上。如果有必要，还需要调整对执行者的考核方法和激励机制。最后，让执行决策的相关人员知道决策者们的意向也很重要，否则，很可能产生严重后果。

6. 在实际执行决策时，检查决策的正确性和有效性

在执行决策的过程中，决策者需要不断地收集、分析执行过程中反馈的信息，但是信息总是抽象的，不能准确反映具体情况。因此，决策者需要经常性地了解决策的执行情况，防止决策在执行过程中出现纰漏。

在一个问题解决后，决策者应当让每个执行者说出自己在执行过程中遇到的问题和想法，让大家进行讨论。当然讨论的内容应当是非常基本的问题，一般应当包括在执行过程中表现良好的部分、表现不佳的部分、可以保留的部分、必须加以改进的部分等。最后再由决策者综合所有的意见，作为改进的依据。

◎案例

一个农场主住在森林的边缘，他有一个院子很大的住宅，而且住宅的周围还有一堵高高的围墙。

一天，农场主的家里突然窜进了一只狮子，农场主见了，便命人赶快将院子的大门关上，因为他想要将这只狮子活捉。被困住的狮子在围墙里跑来跑去，怎么也找不到出口，就向着羊群冲去。结果羊都被咬死

了。接着狮子又冲向了一旁的牛栏……农场主看着眼前的一切，赶忙命人打开院子的大门，将狮子放出去。可是谁敢在狮子发怒的时候去开门呢？最终狮子是跑了，但农场主的家已惨不忍睹。

◎点评

决策者想要做出正确的决策，就必须善于研究和分析问题，只有抓住事物的本质才能让决策者做出正确的决策，这除了需要有真才实学之外，还需要拥有远见，能够看到事物发展的方向，而这种能力需要长期的调研和经验的积累。

在这个故事里，一头狮子闯进了农场主的家，这样的机会并不多，所以他想要将这只狮子捉住是可以理解的。但问题是，狮子不是温顺的动物，它在带来诱惑的同时，也带来了极大的危险。

在企业的运营中，“闯进家门的狮子”也是许多管理者会遇到的情况。作为企业的决策者，你必须明确的是，如果没有把握取得胜利，那就千万不要对这只“狮子”产生贪婪之心。权威调查显示，20 世纪 50 年代，由美国《财富》杂志刊列出的全球 500 强企业，到现在只有 100 多家存活，大多数都已经倒闭或者被兼并了。这些企业的失败，大多都是由决策失误造成的。因此，决策是关乎企业是否能够生存下去的头等大事。决策的重要性应当引起所有管理者的高度重视。

跳出“布里丹驴”的困境

法国哲学家布里丹在讨论有关自由的问题时，曾经讲过这样一个故事：一头饿极了的驴面前摆着两种相同的草料，它思来想去始终做不出决定，不知道吃哪一种更合自己口味，结果竟活生生地饿死了。后来，人们把类似的现象称为“布里丹毛驴效应”。

其实，这样的现象在企业管理中早已司空见惯。决策者面对两难的选择时，经常犹豫不决、不知所措，迟迟不肯做出决定。这样下去可能会让企业错失良机，甚至有破产的危险。所以，管理者在紧要关头能否及时做出明智的选择，关乎一个企业的成败。

长久以来，一些领导者习惯于较为严谨的作风，总希望能“看清了再做”，认为这是对企业负责任的表现。这种工作态度似乎无可挑剔，然而他们忽略了一点，那就是，当你看得很清楚的时候，你的竞争对手可能早就捷足先登了。所以，在大致了解市场发展方向的时候，企业领导者就应该第一时间全力以赴，只有这样，才有可能在行业领域里有突破性的发展。

也就是说，决策者在面临“布里丹毛驴效应”的时候，应该果断地抓住时机，不要犹豫不决，错失良机，要知道能力挽狂澜的人只有你自己。

◎案例

现代企业管理界流传着这样一条寓言：

陈先生是一位白手起家的创业高手，随着事业的不断发展，手下的人才与日俱增，然而，人人都觉得自己是对的，每当企业面临做决策时，他们总是各持己见，非要争个高下不可。陈先生不知道听谁的才对，企业的发展一度停滞不前。

同行业的竞争者都嘲笑陈先生管理无能，搞得他羞愧难当，不想上班，整天闷在家里看报纸度日。这天，他在报上看到一款新产品，叫作“决策助手”。陈先生马上订购了一台，从此以后，但凡有用得着的时候，他都回家摆弄这台机器，让它帮忙做出决策。“决策助手”果然没让他失望，一次次救企业于存亡之间。

手下们不明白其中的缘由，夸老板变得英明果断了。在企业成立十周年的庆典上，陈先生酒后失态吐了真言，说他之所以变得英明，都是“决策助手”的功劳。手下茅塞顿开，觉得既然这种机器那么管用，我们不如把它拆开研究一下，以后也仿造出自己的产品，拿来卖岂不是更好？陈先生当场答应，带着员工们回家把“决策助手”一层层揭开，费了好大工夫终于找到了核心部件——一枚硬币，正面刻着“yes”，反面刻着“no”。

◎点评

面对两条陌生的路，不亲自走一遭，怎么能知道该不该走呢？在这种情况下，企业决策者应该果断地做出选择，有时甚至必须“一局定胜负”，这是企业的最高决策者必须承担的责任。

下决策后，最可怕的是浅尝辄止，在挖到井水的前一刻选择放弃而另起一处。这会造成过度耗散精力和资源，长此以往，可能永远无法挖到井水。

寻找自己的财富增长点

巴菲特在他多年的投资生涯中不断获胜，成为美国乃至世界上少有的“股神”。从20世纪60年代开始，他就接连不断地创造着投资界的神话。有人计算过，如果你非常有远见，在巴菲特投资之初你就跟着他，并以10000美元为资本，那么你现在的资金就已经翻了3万多倍，这是多么丰厚的回报!

巴菲特所信奉的投资圣经，帮助自己取得了如此杰出的成就。多年的投资经验积累，逐渐形成了巴菲特定律：在很多人都投资的地方再投资，你是不会发财的。无数投资人士的成功，验证了这条定律的实用性。

根据巴菲特的这条定律，企业在进行投资时，要想获得成功，就一定要遵循以下几个要点：

1. 投资别人遗漏的市场空缺。

2. 投资别人都意识到却不屑于投资的市场空缺。

3. 投资已经形成竞争态势的市场领域，但一定要创造特色。

◎案例

沃尔玛发迹史

沃尔顿在1962年开设了第一家沃尔玛平价商店。仅仅用了7年时间，沃尔玛就发展了18家分店。直到他1992年去世前，沃尔玛分店已经发展到1735家，每年的总营业额超过400亿美元，超过了美国当时具有领先地位的凯马特公司和西尔斯公司，在零售行业中成为当之无愧的龙头老大。

沃尔玛的成功秘诀其实很简单：在沃尔顿创业之初，就有长远的发展战略，当时，他意识到，必须先避开实力较为强劲的对手，把发展的重点放在城市外围。他把超级市场开设在美国西南部经济较为落后的农村地区，等着城市向外扩展。这样的发展战略，让自己迎来了更为广阔的市场，从而大获成功。

大蒜和大葱的区别

古时候有一位中国商人，骑着骆驼带着两袋大蒜，经过长途跋涉，终于来到了遥远的阿拉伯。大蒜对那里的人来说是极其罕见的东西，他们从来没有见过，也想不到大蒜的味道竟然这么好。为了答谢这位中国商人，他们毫不吝惜地送给他两袋黄金。

后来商人回国后，把他的事迹告诉了其他商人，很多人为之心动不已。他们想：大葱的味道也一样很好啊，肯定也能畅销。于是，一些商人不久后就上路了。阿拉伯人的确没有见过大葱，品尝过后甚至觉得大葱的味道胜于大蒜。为了招待好这些远路的客人，阿拉伯人伤透了脑筋，因为他们觉得即使用金子也无法等价于大葱的味道。最后，他们终于想到一个解决的办法：用两袋大蒜换一袋大葱！

◎点评

企业投资也往往如此，提前一步抢占商机，能得到金子；步别人的后尘，就无异于东施效颦，得到的可能就是大蒜！无论是投资办新厂还是经营老牌企业，我们都要善于找到自己的财富增长点。盲目地认为“随大流不挨揍”，赚大钱的机会是很少的。

好的规划是成功的开始

《礼记·中庸》中有一个警句：“凡事预则立，不预则废。”其寓意是告诫人们，要成就一番事业，只有美好的设想是不够的，还要有一个切实可行的计划。在制订计划的过程中，可以让人们进行自我剖析，起到指导的意义，从而推断自己的设想是否可行。好的计划也是成功的开始，既能使你做事时不至于浪费太多的时间，也能大大减轻工作难度带来的压力。

通常情况下，人们做出一种选择，就好像走上了一条单行线，没有回头的余地。没有一个好的计划，有时会导致“不撞南墙不回头”的局面，当你回过头来后，就很有可能血本无归了。

企业在做发展计划时，要根据发展战略制定出相应的路线、原则和纲领，并且要明确细分中、长期的逐项计划。在落实过程中，还要增补制订出年度计划和阶段计划，这些计划是在做总体规划时无法预料的，要根据实际的运营状况再做定夺。在做年度计划时，不能妄图一夜暴富，要让制定的目标保持定量的平衡。

企业发展的计划不只是战略进攻，还有战略防守的准备。如果只进攻不防守，在市场竞争中是无法取胜的，这也是一般事物的自然规律。规划好企业发展的重中之重，才能做到进可攻退可守，使企业处于良性循环状态。

企业制定发展战略，目的一般是提高企业的竞争能力。可见，提高企业的核心竞争力是企业发展战略规划的实质核心。企业的竞争能力取决于决策者对企业内部各项要素的客观分析和评价，通过这些客观分析和评价才能确定企业在市场中的地位。

◎案例

美国的几位心理学专家曾在一所中学里做过这样一个实验：把 30 个学生分成三组，练习高难度投篮技巧。

第一组学生每天先进行普通投篮练习，然后再进行难度练习，把第一天和最后一天的成绩记录下来。

第二组学生的成绩也同样被记录下来，但在进行难度投篮之前，不做练习。

第三组学生除了做普通练习外，每天还要先做 20 分钟的想象投篮，然后再记录投篮成绩。

实验结果表明：20天之内，第一组进球率增加了24%，第二组没有任何长进，而第三组进球率增加了26%。由此，心理学家们得出一项结论：在比赛之前，先让自己的头脑活动起来，预测出手后成功率有多少，可以有效提高进球率。

◎点评

从这个实验中我们可以看出，事前计划是相当重要的。企业不做计划就开始经营，势必会阵脚大乱。只有在事前做好详细的计划，把每一个步骤都梳理出来，做事才会得心应手。没有计划就没有经营，企业就好比在大海中航行的大船，经营者就是船长，没有计划的航行终将使企业迷失方向。

预测是决策的前提

现在这个时代，是科学技术蓬勃发展的时代，也是商业信息“大爆炸”的时代。据权威统计，每天约有上百亿具有商业价值的信息单元在世界各地传播着，人们把这些信息称为第四类战略资源（前三类分别是物质资源、财务资源和人力资源）。这些信息的重要意义由此可见一斑。几千年来，正是这四种资源的合理使用，给世界各国经济社会的发展提供了可靠的保障。可以说，在任何一个国家和地区，要想经济迅速发展，尽可能多地获得社会经济效益，就必须使这四类战略资源得到全面系统的开发。任何一条资源不被重视，都会给整个社会长远发展带来恶劣影响。

企业决策者在瞬息万变的市场潮流中，面对这么多有商业价值的信息，应该怎样利用呢？办法只有一个，那就是预测！

直接跳过预测这个过程，很可能会导致错误的决策。一个成功的企业家往往能利用错综复杂的信息，帮助自己预测出未来市场的趋势，并且尽快将其落实到决策行动中。高超的预测能力，可以为企业制定发展决策提供更为自由的空间，让这些看似普通的信息产生经济价值。

一个企业谋求发展，提高经济效益，就必须及时地洞察国内或国际的经济态势，了解市场需求并梳理好生产流通中的每一个环节。这时候，尽可能多地掌握有利于企业发展的信息，就显得尤为重要了。预测了市场走向，企业方可运筹帷幄，在市场竞争的大潮中乘风破浪无往不利。

◎案例

香港的李嘉诚先生在事业上取得的成就，也得益于他善于预测的能力。20世纪50年代中期，李嘉诚创办了第一家工厂“长江塑胶厂”，主要生产塑料玩具。由于起步较晚，当时塑料玩具市场已经饱和，他的工厂时刻面临着倒闭的危险。一次偶然的机会，他在报纸上发现一则信息，了解到当地一家小塑料厂生产的塑料花打开了欧洲的市场。这条消息着实让李嘉诚眼前一亮，他立刻联想到二战结束以来，尽管欧洲人的生活水平已经有所提高，但对他们来说种植草皮和鲜花仍然是一种奢望。所以，短时间内塑料花在欧洲一定有市场。李嘉诚抓住了这次难得的机会，当即决定把塑料玩具从生产线上撤下来，改做塑料花草生意。几年后，李嘉诚靠着这些塑料制作的花草装饰品，成为香港的大富豪。

◎点评

预测可以为企业领导者和经济管理工作者在制定企业发展决策时

提供重要的依据。不管在什么时候，经济预测始终在企业经济建设中充当着举足轻重的角色。它的重要性体现在很多方面：企业经济预测是企业做出正确决策的前提；企业经济预测也是企业开展经济管理体系改良的手段；同时，经济预测的发展也会为统计工作的发展提供必要的支持。

有时放弃也是一种收获

美国电话电报公司的前任总裁卡贝曾经说过："放弃是创新的钥匙。"这句话的本意是，有时候放弃比争取更有意义。假如你争取的东西跟自己的目标无关，或者已经拥有的东西对你不再有利，已经成为负累，那还不如趁早放弃。也许放弃这些东西的时候会于心不忍，但不久的将来你会突然发现，那些只是你的过往，放弃过去才能换取未来。另外，放弃不该属于你的，也未尝不是一种收获。

受财富欲的支配，人们眼中往往被一些美好的东西填满，百般努力、绞尽脑汁地力图争取，却通常忘了危机的存在。因此，我们需要学会识别和放弃，懂得有舍才会有得。

近些年来新成立的公司日益增多，企业员工们的心思也越来越活跃，不停地在大小公司间跳槽。现在行业竞争主体逐渐丰富起来，新公司的成立往往时间较短，许多企业领导者没有意识到，新的企业所需要的人才，并不能在一夜之间迅速成长起来。为了吸引人才，企业老总们不得不竖起高薪的旗帜。高薪的确具有很强的诱惑力，但新来的员工，其个人能力和素质未必就能达到岗位的需求。

对于企业领导者而言，要以高瞻远瞩的姿态，从整体的利益出发，选择哪些是可以放弃的，哪些是不能放弃的。成立新公司或开发新的产品体系有时是必要的，但一定要务实一些，否则毁掉的不只是企业，还会是员工。

◎案例

1964年日本松下通信工业公司，在企业运营十分顺利的时候，赫然宣布放弃生产大型电子计算机。这个项目让松下耗费了5年多的时间，投入的资本也高达10亿元，产品研发即将进入最后阶段，这个时候选择放弃就意味着前功尽弃。

然而，对松下而言，这时候选择放弃无疑是正确的。因为当时松下公司几乎把所有的资金投了进去，随着消费者需求的改变，大型电脑已经逐渐落伍，继续投产就可能使整个公司陷入绝境，等到那个时候再想放弃，就来不及了。正像松下预测的一样，当时很多大公司都陆续放弃了这条生产线，他的预见能力帮助松下公司避免了不必要的损失，新产品的研发也走在了同行业的前面。

◎点评

松下因为放弃而取得成功的案例告诉我们，企业领导者在关键时刻，要做好放弃的准备。当然，这种放弃是在把握市场规律的前提下进行的。就像壮士断腕的故事，他之所以主动割腕，是因为被毒蛇咬伤，如果不放弃这只手，极有可能感染到全身。这是一种胆略与气魄，是充满智慧的正确选择。企业领导者需要这种气魄，有目的、有计划地放弃那些已经过时的、无法继续获利的东西，才能实现创新，从而保住自己的企业。

敢于淘汰自己的产品

英特尔公司副总裁达维多曾经说过："任何企业在本产业中必须第一个淘汰自己的产品。一家企业如果要在市场上占据主导地位，就必须第一个开发出新一代产品。"

新的产品和新的经营理念以及新的竞争方式，都可以主导市场的方向。在市场竞争中，只有保持"新"的地位，才能提高自己的战斗力。

所以，企业管理者必须坚持贯彻创新意识，不断尝试创造新产品，超越同行业竞争者，只有这样，才能让自己占据主动地位。假如总是随波逐流，别人做什么你就做什么，那么当别人失败的时候，你的下场就可想而知了。

企业经营者都知道，市场上出现的第一代产品，尽管产品体系并不完善，但仍然能够在这个市场自动获得50%份额。如果你总是第二或者第三家生产这种产品的厂家，那么你的经营效益可能永远比不上第一家。

在如今这个市场细分的年代里，不同的人群有着不同的需求，这些需求往往督促着企业更新自己的产品。企业经营者们应该具有前瞻意识，要满足人们千差万别的需求，就必须生产更多个性化的产品。

因此，企业领导者要有忧患意识，认识到市场的紧迫感和危机感，把握每一次创新的机会。换句话说，与其让别人逼着自己的产品被淘汰，还不如企业自行淘汰自己的产品，主动适应市场的变化，从而获得市场的主导权。

◎案例

英特尔公司生产的微处理器，不一定总是速度最快、性能最好的。但英特尔总能第一个淘汰掉自己的产品，成为处理器行业里的领军者。

1995年IBM公司出产PowerPC RISC系列产品，给英特尔带来了前所未有的压力。为了避开IBM的挑战，英特尔把当时很成功的486处理器从生产线上撤了下来，奔腾586不久后面市。这款处理器体积更小、速度更快，比IBM高一个技术层级，很快赢得了用户的青睐。

英特尔一边减少旧芯片的供应，一边降低新芯片的价格，让PC电脑生产商和普通电脑用户不得不听命于它。英特尔公司通过这种前所未有的竞争战略，把其他竞争对手远远地抛在了后面，在处理器行业一直处于领先地位，当竞争对手生产出这种 CPU 时，英特尔已经为下一代产品做好准备了。

◎点评

中国有句俗话“旧的不去新的不来”，一直没有新产品面市，势必会落在同行业的队伍后面。只想安于现状维持老产品的优势，并不是长久之计。企业只有不断地更新自己的产品，才能在新的市场中站稳脚跟。这种情况下，企业才可以用新的产品制定出新的游戏规则，让别人成为你的随从而不是你的敌人。创新会给企业带来短期优势，从而获得高额的“创新”利润。

当然，要做到这一点，势必要付出很大的努力，那就是，必须保持技术上的领先。

走好企业重组这步棋

在企业发展的每一个阶段，都有企业重组贯穿其中。所谓的企业重组，指的是高层管理者对企业各大要素进行重新配置，包括劳动力、生产技术、管理方法、资金、资产等。通过企业重组让企业改善生产经营模式，在市场竞争中保持优势。

“新官上任三把火”，有 50% 的首席执行官，在刚上任两年的时间里，要对企业进行一次或几次重组。怎样走好这步棋，让这些首席执行官们感到压力重重。近年来，各大知名企业重组越来越频繁，比如惠普、诺基亚等，其结构性重组早已不只是挂在嘴边的事了。

企业进行重组大致有两个原因：一是企业发展较为滞后，达不到市场竞争的需求；二是企业发展速度过快，远远超出经营者的预料，甚至到了无法控制的地步，必须进行阶段性的重组。市场经济的起伏不定，使得 CEO 的重组计划层出不穷。许多因走了弯路而元气大伤的企业，为了能回到健康的发展轨道，不得不通过改变企业组织构架，来撼动整体运营方式，从而为企业带来更好的业绩。

我们不禁要问这样一个问题：那些优秀的领导人，在进行成功的企业重组时，有什么秘诀吗？其实，他们的撒手锏你也同样拥有，简单而言就是“正确的决策”。有效的重组让公司的组织架构发生了改变，并且提高了企业管理者处理重大决策的能力。企业重组的严峻形势逼着那些企业的领导者不得不做出更好的决策。

◎案例

ABB 是瑞士的最大城市苏黎世的一家大型能源技术公司。2002 年下半年的时候，这家公司经营不善几近破产。该公司在进行大型能源项目竞标时，要和其十几个内部部门谈判，但这些部门分别制定了不同的利润目标和奖励机制，整个决策过程异常拖沓，经常导致无法提供有竞争力的竞标条件。

约根·多曼出任首席执行官后，仔细分析了决策失误的原因，巩固了各部门的功能，对利润损失采取集中问责制的方法，解开了这团乱麻。不久后重组大获成功——ABB 各部门能够快速给出有竞争力的竞标条件。多曼的成功在于他明白，ABB 企业重组的目的是让竞标决策和其他同等重要的决策得以顺畅地执行。

◎点评

在企业重组过程中，有效决策的能力为何显得尤为重要？其实，这一点不难理解，企业完成业绩的好坏，往往取决于企业执行决策的数量。假如企业重组后无法带来更好、更快的决策制定和执行过程，这样的重组就没有必要了。

假如企业领导人连关乎企业发展的重要决策都理不出头绪，或者制定出正确的决策却不能及时执行，那么新设计的企业组织构架就无法提高企业生产能力。

适时地进行企业战略再造

一般来说，企业战略再造包含两层含义：一是指为保持企业在市场竞争中的有利地位，在创新的前提下对企业发展战略进行重新规划；二是因为企业经营状况欠佳，不得不对企业进行战略性的再造。

由于行业不同，企业间的发展战略也不尽相同，但大致都可以分为三种战略，分别是：市场竞争战略、企业管理的组织战略以及业务发展战略。企业决策者开展多方面的设计和规划，以保证企业的可持续发展。如何增强企业的盈利能力、保持企业的竞争优势，是战略发展决策的核心。因此，若想在企业进行战略再造时找到成功的突破点，就必须全面、准确地把握相关因素。

企业战略再造的内容：

所有经营单位都可以纳入企业战略再造的范围，再造的内容可细分为五个方面，分别是：目标体系、组织结构、公司文化、激励机制和工作流水线。

企业战略成功再造的条件：

在实施企业战略再造时，不能脱离企业发展的关键目标。再造过程中不能拘泥于既定的方针政策，要有创新的意识，废弃陈旧的商业假设。战略再造，本来就是一个推陈出新的过程，如果再次使用陈旧的观念，势必会让企业重蹈覆辙。因此，这项工作要求我们站在未来的角度去思考问题，把未来作为起点，反观现在的失误，突破现有的经营流程、系统结构和知识框架。

◎案例

欧美的很多企业向来都很重视“再造工程”，多年以来战略再造已经在欧美得到全面的推广，并给他们带来了较为显著的经济效益，成功的例子屡见不鲜。

早在 1994 年的时候，美国一家战略管理咨询公司就在北美和欧洲 6000 家大公司中抽取了 621 家进行问卷调查。调查的结果显示：已经进行一个或多个再造项目的公司在北美占了 69%、欧洲的 100 余家公司中占了 75%,其他的公司也基本上有计划将“再造工程”纳入考虑范围。

美国的一家信用卡公司通过战略再造，帮助自己每年节省 10 多亿美元的开支。德州仪器公司的半导体部门，以同样的方式将订货处理程序的周期缩短了一半，大大提升了顾客的满意度，在很短的时间里他们的经营利润就翻了一番。

◎点评

通过再造生成的新战略规划，可以让企业由受制于制度的组织，变为任务导向的组织。围绕特定的任务或使命而制定的战略规划，才能算是对企业发展有帮助的。这样的规划才能保证企业围绕适应消费者需求的中心目标，开展各项工作。相比之下，以制度为导向的企业，可能永远无法突破已有的条条框框。以任务为导向，才是企业战略再造的核心思想。

第五章

重视经营管理

经营和管理是不可拆分的整体。按照《易经》中的说法，这两者就好比是企业中的“阴”和“阳”，为了可以共生共存，它们必须在相互矛盾中寻求相互统一。

经营过程中假如缺少了管理，经营效益就会“竹篮打水一场空”，赚多少就会浪费多少。正如我国南方民间流传的一句俗语“外面有个鈀鈀，家里有个篓篓”，一个家庭中有会挣钱的人还要有懂节省的人才行。

管理过程中如果没有经营，也会是失去活力的，从而拖着企业陷入为了管理而管理的困境。要使企业保持可持续发展，必须懂得遵守规则，让企业经营更有约束力，但同时也不能没有动力和张力，不然就是一潭死水。

经营是管理的动力，管理是经营的基础。企业关注经营，及时并充分地研究市场和客户的需求，才能做大做强。与此同时，基础管理工作也不能滞后。及时参与管理，才能让经营工作更加顺畅，经营工作更进一步，也就让管理水平提高一个层次，这是一个良性循环。由此，我们总结出经营和管理的交替进行，才是企业发展的正常规律。

别让你的企业喘不过气来

著名的社会心理学家库尔特·勒温曾经说过：“连续并且过度地追求工作目标，可能有损于团体行动的内部凝聚力和工作效率。”

一个没有目标的组织，就像是路边的沙砾；而太过于追求目标的组织，就好比脱了轨的列车。把事情做过了头，也存在许多问题；跑得太快，停下来时你就会喘得更久。

有这种倾向的管理者是人们眼中的“激进分子”。这些“激进分子”偏激地认为，把工作目标定得越高，员工们工作时就会越努力。所以，他们通常喜欢在短时间内制定出很高并且很多的目标，试图以此来挖掘员工们的潜力。

有时候目标太富有挑战性，未必是一件好事。一方面，员工的确会为此“搏命”，但冒险的同时也等于主动给自己制造了风险，比如熬夜奋战，白天没有精神，劳累过度而病倒或被生产设备伤害。另一方面，员工们为了完成上级交代的任务，不免会耍手段，违背职业道德。此外，挑战性过强的工作会让员工不敢轻易肯定自己的业绩，一旦目标失败，会对工作心情带来很大的影响。

因此，我们在为企业员工制定工作目标时要注意以下3点危害：

1. 在逐渐明确目标的过程中，通常会出现一些过于狭隘的目标，比如只注重数量，而抛弃了质量。下属这样做也是出于无奈。

2. 目标过于明确，会导致同一个岗位上出现很多个目标。这样会分散下属的注意力，完成了这个目标，却忘记了其他目标。

3. 目标过于有挑战性，会让下属无法应对自如，但又苦于赶工，根本没有时间去学习。因此，很容易滋生出“破罐子破摔”的想法。

◎案例

20世纪60年代的后期，美国福特汽车的市场份额不断地被国外竞争者吞噬。为了扭转这一局势，福特公司的首席执行官李·艾柯卡为公司制定出一项既明确又极富挑战性的发展目标：生产出一种“重量不超过2000磅且价格低于2000美元”的微型汽车。李·艾柯卡给的时间并不多，生产部门为了按时完成指标，不得不减少甚至忽略了车体的安全检查。

结果，他们没有注意到油箱的设计有一个致命的缺陷。直到这款汽车即将面市的时候，这个缺陷才被一些技术人员发现。可是已经来不及补救了，为了让这批汽车顺利面市，技术人员并没有向上级汇报这一问题。

这款汽车入市后不久，就接连不断地发生重大事故，福特的声誉不但没有提高，反而一落千丈。

◎点评

现在，很多企业的管理者都极力推崇目标管理，认为目标越明确、越富有挑战性，效果就越好。但事实正好相反！福特公司的败笔就有力地证明了这一点。所以，要让下属按时完成合理并且适量的任务，必须先把团体内部的和谐关系处理好，让下属们宣泄感情上的压力。创建一个相互依赖的团体，有利于员工之间进行及时的感情交流，团体中每一位成员的满意度高了，他们的工作效率自然也跟着提高了，上级交代的任务当然也能顺利且合格地完成。

不要落入成功的陷阱

法国的行为科学家欧文·柏林曾经说过这样一句话："不断的成功，正是成功本身的最大障碍。"他的本意是，人们在不断成功之后，虚荣心会膨胀起来,认为自己无人能及。这样的人终有一天会落入失败的陷阱里。

长期的胜利会在人们心理上形成一种固有的模式：成功带来了经验，总结成功的经验，制定规则，按规则做事，再次获得成功。然而，他们并没有认识到，长期习惯于一个成功的模式，会扼杀自己的创新意识，因为他们总是在走重复的路线。

企业界也存在着类似的状况，通常的表现是，市场和消费者的行为已经发生了变化，但企业还在生产早就过时的产品。这些产品曾经为企业开拓了市场，扩大了品牌的影响力，给企业带来了成功的经验，于是企业就慢慢沉醉于自己过去的成就，忽略了外界的变化，从而丧失了市场灵敏度和消费者的适应能力，落后于时代的步伐。

◎案例

TCL 公司最开始是生产磁带的小厂家，后来转型到电话机，接着又先后进行了几次成功的转型，包括彩电、移动电话等，每次都可以说是"一帆风顺"。集团老总李东生,当时被看作中国最有智慧的企业家之一，由他带领的 TCL 公司迅猛发展。

一时间媒体蜂拥而至，整日围着李东生，人们也对他的创业故事津津乐道。不断的吹捧让他对 TCL 的形势做出了错误的判断，飘飘然地开始进军国际市场。浮躁的中国管理学界也跟着沸腾了，负面评价一浪高过一浪，认为 TCL 之所以能以门外汉的身份迅速成为各行业的领航者，只是说明中国的消费市场不正常罢了。这样的评价未免失之偏颇，但任何人都想不到，TCL 正面临着严峻的考验，李东生也将为自己的鲁莽付出代价。

打入国际市场后，竞争的对手变了，李东生面对决策，变得无能为力。TCL 的“国际化”把自己拉下了水，同时面临着国内国际两个市场，产品体系无法适应不同消费者的需求。市场形势的剧变，一天天把李东生从美梦中搅醒。

西方国家已经有了自己的消费模式，根本不需要中国产的 TCL 手机，欧洲市场没有让 TCL 尝到一点甜头。紧接着，TCL 的平板彩电也在欧洲迅速下架，这样的结果着实让李东生赔了一大笔。接连不断的重创使 TCL 节节败退，无奈之下只好重整旗鼓，谋求企业经营理念的革新。

◎点评

TCL 过去的成功取决于正在成长阶段的消费市场，跟同行业的“业余选手”相比，具备一定的优势，获得成功也就相对简单。但是，随着中国市场的开放，TCL 的竞争对手由“散兵部落”迅速发展成为“机械化军团”，“游击队”一般的 TCL 当然无法战胜“正规军”。这种大失败，无疑是此前的成功积累的错觉导致的。

企业要以诚信为本

美国的“公关之王”格利在谈到如何成就事业时说过：“成就事业最重要的就是信誉，再加上用功。”意在告诫企业领导者，经营企业要秉着以诚信为本的态度，为客户提供最好的产品和服务。

一般来讲，企业的发展战略和社会信用越是成熟，诚信的作用也就越明显。假如企业经营者只想捞一把就撤，那么就会把诚信抛诸脑后了。但是如果企业要做大做强，谋求可持续发展，诚信则是必不可少的。然而，诚信的作用有时候并不明显，比如在经济较为落后的地区，即便企业再讲信用，产品也可能卖不出去。即便如此，也不表示客户不需要诚信。为了减少交易的成本，他们仍会对讲诚信的企业给予特别的关注。

诚信是企业建立市场信誉时不可或缺的基础，只有市场信誉牢固了，企业才有可能发展壮大。目前，大量的外资企业进入中国市场，中国的企业如果想不断提高自己的竞争能力，肯定还要走很长一段路。而做到诚信并不难，它不需要你投入大量的精力去学习。和外企竞争就好比与狼共舞一样，要想在这条路上走得更远，中国的企业家们必须拿出自己的诚信。

◎案例

德国有一家很有名的包裹运输公司——我们耳熟能详的“联邦快递公司”。自打这家公司创业以来，诚信服务一直是他们的原则。有一次，公司的载货飞机已经起飞，但员工发现有个小包裹被不小心遗漏下来。员工根据包裹的联系方式，立马跟客户打电话道歉，并承诺将在下一班飞机运载这个包裹。正巧公司的创始人史密斯先生路过，注意到员工紧张的神情。得知情况后，他不惜花大代价雇用了一架私人飞机，亲自赶过去送包裹，并向顾客表示歉意。

◎点评

这个故事让我们见识了联邦快递公司卓越的服务态度。正是这样的服务态度，让联邦快递公司把自己的市场推广到更多领域中，比如为医院运送血浆和准备移植的人体脏器等。联邦快递以良好的信誉为宗旨，很快发展成为全球最大的包裹运输公司。

可以说，凡是历经千难万险仍然屹立不倒的公司，都是以诚信作为立业之本的。一个成功的企业家，平时与人相处也是讲究信用的，尤其是对自己的客户。无数事实证明了这一点：连诚实守信都做不到的企业，百分之百无法长久经营。

创新是企业的生命之源

没有创新精神的人永远都只能是一个执行者。只有敢为人先的人，才最有资格成为真正的先驱者。

——心理学家达维多夫

无论是想拥有成功的人生，还是想创办一个成功的公司，人们最需要的莫过于创新精神。对于个人而言，这个世界变化太大，我们需要张开双臂，迎接新时代。对企业来说，最可怕的就是创造力的丧失，盲目地遵循陈旧的规则，结局就是灭亡。

为了研究昆虫对光的依赖性，有人做过一个有趣的实验，他把六只蜜蜂和六只苍蝇放在同一个瓶子里，然后将瓶子平放，瓶底对着窗户，看看哪一种昆虫可以从瓶口逃出。

结果，蜜蜂一直在瓶底活动，尝试找出口，后来又累又饿，全死了；苍蝇们爬到瓶口，用了不到两分钟全部逃出。事实上，蜜蜂喜欢待在光线较为明亮的地方，错误的坚持让它们走上了灭亡的道路。苍蝇对光并不敏感，一旦危机发生时，它们最先想到的就是逃命，忽上忽下、忽左忽右，结果还真碰上了好运气，获得了新生。

企业赖以生存的环境也是变化莫测的，危机总是出现得那么不可预期、不可理解甚至不可想象。蜜蜂一样的企业若碰上无法逾越的“玻璃墙”，该怎样脱险呢？办法只有一个，那就是不断地创新！苦守在瓶底，只有死路一条。

◎案例

在IT行业刚刚起步的时候，大部分人都认为只有硬件才能赚钱，但比尔·盖茨不这么想。现在几乎所有的行业或公司，都在使用微软开发的软件系统。据美国金融机构统计，微软公司只有3.1万员工，但它的市场资本总额，已经超过6000亿美元。麦当劳的员工数量是微软的10倍，但它的市场资本总额却只有微软的1/10。虽然汉堡包也有庞大的消费市场，但它的影响力还是难以和微软相比。

另外，微软还是第一家将股票选择权给自己的员工作为报酬的公司。

结果，这一举动让他的员工成了千万富翁，甚至是亿万富翁。员工的忠诚度越来越高，很少看到有高层从微软跳槽。这种策略被其他企业争相效仿，也获得了显著的成功。

微软公司总能处于领先状态，靠的就是创新。想让员工百分之百地为你效力，又整日束缚着他们的手脚，这种方法当然是不可取的。成功者相信自己的梦想，也相信员工的创造力。

◎点评

一个企业没有开拓进取的精神，肯定是不敢冒风险的，这样也就走不出新的路子，远大的目标也就成了空谈。可以说，创新是一个企业赖以生存的生命之源，也是一个民族不断前进的动力。企业领袖和平庸的管理者有着天壤之别，领袖们往往具有常人无法想象的创新精神和魄力，而普通管理者则因循守旧。

我们不妨看一看工业革命以来200年来的近现代史，创业成功的人通常都是半路杀出的程咬金，他们在出人意料的地方，以出其不意的方式突然出现，获得了异乎寻常的巨大成功。

为顾客提供最优质的服务

我们都知道，在商业经营中，有一个让人耳熟能详的理念就是“顾客是上帝”。把顾客当成上帝，说起来容易，做起来可就难了。经营者要达到预期效益，就得为顾客提供最优质的服务。

可以说，自古以来，了解顾客的需要是颠扑不破的真理。满足了顾客的需要，他们才会买你的东西，经营者才会从中获利。因此，照顾顾客的利益就等于照顾经营者自身的利益。所谓的“顾客是上帝”，说的就是经营者要从顾客的角度出发，以最好的服务态度满足顾客的需求，从而提高销售额度。

大部分公司尤其是餐饮住宿业，都设有客户服务中心，专门为客户服务。做好客户服务不仅能让公司拥有忠实的客户群，还能帮助公司挖掘潜在客户，所以每一位客户都应该受到足够的重视。

服务不仅仅是为顾客提供合适的商品，还包括优质的售后服务。当客户出于不满向我们投诉时，我们首先要做的就是用心倾听，让他们的情绪稳定下来，然后再做沟通。接到投诉电话，棘手的问题不能即刻解决时，必须详细地做记录，转交给相关负责人，及时给客户一个满意的答复。

◎案例

通用电气公司是世界上最大的工业企业之一，自公司成立以来，它从不忽视对顾客的服务。现在，这家公司有80%的利润来自服务。多年以来，通用公司已经形成了一套自己的服务体系，遇到客户提出的异议，他们以整套服务来应对，已经游刃有余。

在机车生产部门，包括从投入到产出，从产品质量到解决方案的观念转变，员工们都驾轻就熟。为了及时为铁路公司排除故障，他们在自己生产的机车上，安装了计算机辅助调度系统。这套系统直接跟通用电气公司总部联通，能知道机车每时每刻的位置。一旦机车出现技术故障，铁路公司不用求助，维修专员就会自行赶往事发地点，第一时间为铁路公司排忧解难。

◎点评

及时并且良好的沟通方式，以及与客户建立起长久的互相信任的关系，是为客户提供良好服务的关键。服务部门在和客户沟通的过程中，最重要的是对客户保持热情和友好的态度。客户和企业进行交流是客户专有的权利，他们之所以不时地打电话投诉，是因为他们需要得到经营者的重视，并且希望经营者帮助他们解决问题。换句话说，东西是你卖给人家的，出了事除了你还能让谁来负责呢？所以，企业凡事都要为客户着想，体会他们的感受，并且在服务过程中，时刻保持冷静，把最热情、最友好的服务态度送给他们。

对客户做必要的让步

企业在和客户谈判时，总认为必定会有一方做出让步，否则就无法达成交易的目的。但让步也是需要技巧的，也许你会觉得短时间内就做出让步，是对本次交易有诚意的表现，但对方通常不这么认为。他们首先会觉得你软弱，从而变得更加强势，逼你做更多的让步。

真正的谈判总是需要双方都做出妥协，才能完成一笔交易。如果你希望顺利完成谈判并达到目的，就要注意以下几个方面：

1. 不能一次性让步过大。通常情况下，如果买方一次就做大笔金额的让步，会导致卖方固守较高的价格。因此，作为买方在做让步时，必须保守一点，给自己留条后路。一次只做少量的让步，结果会对自己比较有利。

2. 让步时要得到对方的交换条件，不要过于轻率。也就是说不要只是单方面的让步，同时要逼迫对方做必要的牺牲。

3. 让步要注意时间问题，不要太快。对方的价值标准可能跟你不同，也许你的要求他很容易就能满足，太快让步会让对方占优势。

◎案例

联想在收购IBM全球PC业务时，因价格问题，和对方展开了一场一波三折的谈判。

起初，联想要在对方开出的价格上“横砍一刀”，IBM当然不乐意，所以谈判一开始就很艰难。后来费尽周折，IBM好不容易把价格降到了13亿美元，而联想一直停留在11亿美元的基础上不肯动摇。实际上联想也面临着竞争的压力，另外一家企业也等着和IBM谈并购之事。

IBM当天明确表态，如果联想不加到13亿美元，他们立刻就去找另一家，甚至毅然决然地请联想离开谈判大楼，经过一番交涉双方才同意两天后做最终决定。

联想当然不愿丢掉这单生意，只是不想轻易地加价。最后，联想的谈判人员采取非正式的会晤方法，约IBM的三个负责人在酒店会面，双方都没有各自公司的高层到场。这次会晤中双方都做出了最后的让步，联想出价12亿美元，IBM降到12.5亿美元，最后都同意把这5000万美元的缺口留给主席们去商讨，并购最终圆满结束。

◎点评

在和客户进行商务谈判的时候，谈判者在准确理解对方利益的基础上，努力寻求双方都不失底线并且互惠互利的方案，才能最终达成协议。但谈判的过程往往是曲折的，双方或是多方，经常会因一些棘手的问题而一再争执。例如，房东与房客人之间的关于房租高低的问题；国际贸易中的关于交货期长短的问题等。不管哪个领域，交涉者恰当地运用让步的策略都是非常有效的方式。

然而，当利益冲突已经无法得到有效协调时，就要选择客观标准的让步策略，就像联想一样把对方约出来见个面，缓和一下谈判的气氛，能起到重要的作用。由于谈判的难度不同，成功让步的策略和技巧会在不同的阶段表现出来。但无论如何，谈判者要做到一点，那就是“保证你的让步是正确的、有价值的”。

如何管理家族企业

日常生活中，家家有本难念的经，家族经营的企业也是一样。家族共同管理的企业出现矛盾，一般都在企业兴隆之后。亲人之间的矛盾不会轻易爆发，一旦爆发就会落得无法收拾的下场。比如，两兄弟间反目成仇，父子断绝关系，以及其他亲戚之间为了争夺财产大打出手的现象都时有发生，严重的甚至会置对方于死地。

因此，怎样管理好家族企业已成为企业主们必须面临的课题。他们不仅要让企业成员的关系保持和谐，还要培养基层员工团结奋进的精神，做这样的领导者不免会心力交瘁。其实，这时候再后悔就已经晚了，要避免内讧现象的发生，早在家族企业创业之初就应该做好预防工作：

1. 亲兄弟明算账

人们都说“生意场上无父子”，其实这种说法不够理性。导致家族企业的败落的原因，往往都是企业打起了“内战”，而并非在经营上犯了什么严重的错误。参战的几方多数都是企业主的亲戚，在无法评判谁输谁赢时，他们就把整个企业拉了进来。

2. 不能滥用外人

家族企业发展初期，过多重用外部人员是不明智的选择。因为这一阶段业务量很有限，企业需要的职位也不算多，让家人们管理就足以应付了。

3. 把员工也当成家人

家族企业在起步阶段，因为流动资金欠缺，不足以承受巨大的财产损失，重要的岗位尤其是财务工作，自然要由亲属负责。但这样做，往往会疏远了员工和企业之间的关系，因此，有必要悉心照顾好每一位员工，防止他们趁你不备偷偷拆企业的台。

◎案例

老胡在创业的时候，他的弟弟小胡正在上大学。小胡见哥哥整日忙得不可开交，就想帮他一把，于是就放弃了学业陪老胡经商。兄弟俩在创业阶段，对收入的分配都没有太多意见。在老胡看来，弟弟给自己帮忙，日后自然不会亏待他。

经过两年多的苦心经营，老胡的资产已经超过千万。兄弟二人的矛盾也开始出现了。

由于不满哥哥的管理方式，小胡提出单干，并要求老胡拿出 300 万元做分家费。老胡一听就火了，他一直没有把弟弟当成生意合伙人，只是把他看作自己工作上的助手，所以根本不存在“分家费”一说。但毕竟是自己的亲人，他不知道如何向弟弟解释。后来，那 300 万元他也没拿给小胡，只是答应给他买一套房子和一辆车。弟弟不肯接受，把哥哥告上了法庭。

◎点评

俗话说“清官难断家务事”，家里的事“剪不断，理还乱”，很难说清楚。

家族企业为了避免日后纷争，需要在企业内部针对家庭成员制定财务分配制度，有制度作为依据，他们也就无话可说了。在这些制度条目里，要明确利益分成的额度，以及权利分配的方法。很多企业都是在创业初期忙于处理公司杂务，而没能制定出这种规章制度，从而为日后家族成员间的纷争埋下了隐患。

“皮包公司”的经营战略

随着市场经济的不断发展，各种各样的公司一批又一批地成长起来，人来人往的繁华街市上，被称为经理的人多如牛毛。一位知名的相声演员，对此现象做过这样一番描述：“站在天安门城楼上，扔下十顶帽子，有九个能落在经理头上。”这种说法未免有些夸张了，其实，相当一部分公司只是注册了，并没有自己的实体，甚至连一间像样的办公室都没有。人们把这种有名无实的公司称为“皮包公司”。

“皮包公司”，顾名思义，指的是公司老总夹着公文包到处跑，其实里面并没有放商业性质的文件，只是一支笔、一包烟和一个打火机。这些公司的老总们，走的是信息化渠道，跑的是各种客户的关系。表面上看来，这种公司似乎带有欺诈倾向，他们向来都是买空卖空，破坏了正常的经济秩序。但凡事都有两面性，这类公司可以长久生存，必然有它的合理性。

国内刚刚实行改革开放的时候，大量的商业信息不能顺畅地流通，厂家和消费者之间的沟通需要中介机构，皮包公司就是在这种状况下应运而生的。在市场经济逐渐步入正轨后，皮包公司的作用就越来越明显，人们不再谴责虚拟经营，反而讨好它们。

创建虚拟公司，有两点好处：

1. 不需要大量的资金支持

“皮包公司”不用租赁厂房、办公楼、实验室等实体的东西。

2. 节省经费开支

这类公司不需要过多的人力资源，因此省下了不少经费开支，在低损耗的状态下仍然可以正常运转。

◎案例

美国有一位很有名的商人叫爱德华，但业内人士在描述他的公司时，却都伤透了脑筋。

爱德华的公司注册名为“及时雨能人群”，光看这名字就给人一种不伦不类的印象。当你申请去他的公司实地拜访时就更惊讶了，你会禁不住地问：“你的能人群去了哪里？”他没有雇用任何一个高学历的员工，甚至连秘书或行政助理都没有。他卓越的个人能力，在于他可以随时连线很多大客户和技术专家，只要有需要，专家都能很快赶过来为具体项目服务。

在承接银行业务时，他一共召集了20多人，并把他们分成4个小组，分别用来处理信用卡办理、贷款申请等业务。这个小集体只用了大概3个月的时间，就帮助这家银行赚了1500多万美元，爱德华和他的合作者趁机捞了一笔就各自解散了。他的所有业务，几乎都是以类似的方法完成的。

◎点评

尽管虚拟公司没有固定的结构，但它能顺应市场经济的需求，所以能轻而易举地在商海立足。或许“皮包公司”没有自己的厂房，没有办公设施，甚至有些公司连皮包都没有，但他们照样能实现高额盈利。这样的事实告诉我们，创立一家公司，并不意味着要有多么完善的具体设施，关键在于它能否掌握可以满足市场需求的要素。

试点效应

商场如战场，上了这个战场不是你死就是我亡。但有些企业是输不起的，投资经验欠缺的创业者会把所有资产全投在一个项目上，一旦“马失前蹄”，整个企业就很可能“兵败如山倒”。所以，在决策实践之前应该先做些试点项目投放在市场上。这种方式在企业经营管理上被称为“试点效应”，每个企业都必须经历在小试验中换取经验的过程。

我们都听说过“实践是检验真理的唯一标准”，但在实践之前应该先有实验。所以说，试点作为一种手段，对企业管理发现真理、挖掘市场发展规律是很有帮助的。“试点效应”在企业内部也同样适用，比如新生产技术试点、新管理方法试点等。

企业内部开展试点项目时，先要选好一个理想的目标团体，比如一个生产车间、几个员工或是某个所属的小公司等。在确定试点对象之后，需要做的工作一般可以归纳为以下 4 项：

1. 细心观察：留意试点人员的工作态度，定期记录他们的工作效率和工作业绩。

2. 发现问题：统一分析员工在工作中遇到的问题，对较为典型的问题进行备案。

3. 提出假设：针对存在的问题，大胆地假设，小心地论证，制定出解决问题的办法。

4. 检验假设：试行提出的假设，校验其是否可行。

◎案例

多年前，海南省曾依商务部和农业部的要求，完成了12个农村超市对接试点项目。

通过开展此次试点项目，海南省农产品流通企业增加了冷库容量，提高了鲜活农产品预冷、冷藏和加工的能力；完善了农产品配送中心的基础设施建设；增强了合作社农产品的检测能力，同时提高了检测水平；扶持培育了一些优质农产品品牌，增强了品牌意识。据估算，试点项目投入运营后，12家农产品流通企业预计可新增年销售额约4亿元，新增出口额400多万美元，降低流通成本3000多万元，新增覆盖农户数2万多户。

这12个农村超市对接试点项目，总投资约8600万元，它们通过减少流通环节、降低流通成本等手段，推动海南省农产品更高效、安全地进入省内外超市。这一举措不仅帮助农产品提高了保鲜技术，实现了标准化以及品牌化，而且降低了流通的成本。

◎点评

试点的目的，归根结底是帮助企业解决管理上的问题，秉着解决问题的态度，我们应该去观察、发现、假设和检验。在企业试点理论构建起来后，为了解决客观存在的问题，我们必须进行科学的论述和论证，以便在其他部门和公司推广。

连锁经营的共生效应

自然界有一种共生现象：一棵树单独生长时往往比较矮小，而和一片树林一起生长时，就会枝繁叶茂、生机勃勃。可见植物之间是相互影响、相互促进的，这种现象也被称为“共生效应”。实际上，这种现象在我们人类群体中普遍存在。英国的卡迪文实验室就是一个典型的例子，在这里从1901年到1982年的时间里，先后造就了25位诺贝尔奖获得者。每一个获得诺贝尔奖的人背后一定有一个团结的集体。

单打独斗的历史已经成为过去，现在的企业若想独立生存，其难度之大是可想而知的。作为一种新型的经营方式，连锁店的出现就成了必然。

连锁经营包括3种形式，分别是直营连锁、特许经营和自由连锁。

直营连锁：指的是公司本部直接经营投资管理各个零售点的经营形态，这种形态下不存在加盟店一说。

特许经营：指的是公司本部以合同方式，同意个体商户享用其商标、名称、专有技术以及管理经验。

自由连锁：是一种较为常见的连锁销售形式，它由不同资本的多数商店自发地组织成总部，并且实行共同进货、配送的连锁经营形式。

盲目地采取连锁经营的方式也是不可取的。企业应当提前开展市场调研，给自己的产品一个准确的定位，以便为企业找到一个合适的市场位置。这种市场位置的特征可概括为以下3点：

1. 让自己和行业竞争对手有明显的区别；

2. 可以确保本企业能正常运营；

3. 能够为自己提供超过竞争对手的绝对优势。

◎案例

“永和豆浆”的成功连锁，是公司总经理林建雄通过深入调研和反复尝试的结果。

20世纪90年代末期，“肯德基”“麦当劳”等洋快餐在中国市场盛极一时，上千家连锁店几乎让本土餐饮业抬不起头来。永和豆浆横空出世，从台湾现身祖国大陆市场，向“洋快餐”发起挑战，决心打造全球中式餐饮连锁第一品牌。

目前“永和豆浆”进驻大陆已经有二十多年了，它的进步之快，备受同行业人士的瞩目。如今，“永和豆浆”的连锁店已经发展到500余家，足迹遍布中国大江南北，包括北京、上海、深圳、武汉、西安、南京、天津、成都、济南等大城市，成为这些城市里不可或缺的中式餐饮。

◎点评

关于怎样才能成功地进行连锁经营，“永和豆浆”的领导者们有着清醒的认识和深刻的体会。连锁加盟模式都是以建立直营店作为开端的，直营店扩大市场影响力后，才能以加盟的形式铺开。我们把“连锁”拆开来理解就是，要成功连锁，必须做到“既能连起来，又能锁得住”。产品体系必须标准化和一致化，这样才能扩大市场影响力。此外，贴近市场也是成功的关键，本土化的连锁方式，可以有效地增强连锁企业的活力。

做好品牌管理

产品很容易被竞争者仿制，相对而言产品的“品牌”则是独一无二的。产品很容易在市场竞争中被淘汰，但一个成功的品牌却能经久不衰。可见，品牌的创立和管理对一个成功的企业来说是多么重要。

品牌是消费市场上的灵魂，它能够唤起消费者们重复消费的意识。

一位成功的企业家就曾这样说过："丢掉了品牌，企业就失去了灵魂；没有了灵魂，企业就失去了生命力。"

品牌管理工作一直都是个复杂且科学的过程，企业在开展此项工作时，不能遗漏任何一个环节。品牌管理的要素，一般可以概括为以下4条：

1. 建立起良好的信誉

好的信誉是创立品牌的基础，不讲信誉的品牌是无法在市场竞争中立足的。国外的品牌和本土品牌竞争的热点就是信誉。

2. 争取到最广泛的支持

没有多方面的支持，品牌是很难维持的。除了客户以外，企业还需要来自政府、媒体、专家、经销商等的支持。

3. 和客户保持融洽的关系

客户的需求总是变化的，和他们保持良好的关系，可以使企业及时掌握他们的需求信息，以便更好地为他们提供服务。只有那些和客户保持长期关系的品牌，才有可能成为最后的赢家。

4. 增加消费者亲身体验的机会

品牌塑造得再好，如果消费者没有机会体验，他们照样不会买账。只凭借广告宣传就能决定消费者购买意向的现象已经越来越少见了。

◎案例

五粮液这个名字，想必在国内早已家喻户晓。一提起五粮液，我们就能随口道出很多个头衔，比如白酒大王、行业领军者、浓香型白酒代表、中国名牌、世界名酒等。

经过多年的发展，五粮液集团已经形成了以五粮液系列品牌为核心，"五粮春""五粮神"为亚核心品牌；以"明池酿造501"等作为战略品牌进军高端白酒市场；“金六福”“浏阳河”则作为地方市场核心；以火爆酒、尖庄酒等品牌占领低端市场。

◎点评

多种品牌组合成一体的策略，可以帮助五粮液全面巩固其市场地位。一品多牌的经营方式，既满足了不同层次消费者的需求，也提高了他们对五粮液产品的忠诚度。

这种经营方式还能有效地抵御竞争对手的攻击。低端品牌和低价位竞争对手展开竞争，保护了五粮液其他品牌的较高价位。中端品牌充分占据了中端市场的销售渠道，把对手挡在了门外。而高端品牌则起到延伸五粮液高端形象的效果，为五粮液整体品牌组合增加了必不可少的威信和信誉。

关注女性消费市场

在消费市场上，女人消费的魄力，男人是很难比及的。做生意的人要掌握这一要领，想方设法打动女性消费者的心，让她们成为自己固定的消费对象。

女性一直扮演着重要的消费角色，已经成为既定的事实，几乎所有的家庭生活用品都是由女性消费者购置的。据研究，越是在社会经济发达的国家，由女性主导消费的情况就越普遍。因此，企业经营者或投资者应该充分关注女性消费者的需求。

市场经济中女性消费者的特征有以下两点：

1. 女性消费者的队伍十分庞大

据第三次人口普查统计，女性消费者总数占全国人口的48.7%，在中国这个人口大国中，这个数据是惊人的。其中，中年妇女对消费活动的影响较大，占全国人口总数的21%。但这只是实际购买者的数量，如果把购买决策者也算进来，相信这个比例会更上一层楼。从这些数据中，我们不难看出，女性已经是购买行为的主体。

2. 女性消费者具有较大的影响力

女人是感性的，她们善于表达自己的想法，尤其是女人们在一起的时候这种现象就更为普遍。女人经常把自己购买的东西和别人做比较，说服对方要买什么、不要买什么等，同时也让对方了解自己的眼光多么独到。女人们的购物决策，也比较容易受别人使用经历的影响。女人无形之中就成了品牌的代言人，甚至有时女人间的传播效果，比广告的效果还要好。

◎案例

松下电器公司在开发小型家用衣物烘干机的时候，就牢牢抓住了女性的心理，促使松下的创意获得了前所未有的成功。女人购买这一产品的原因很简单，一般情况下，女人们都不愿意把自己的内衣挂在别人眼前，许多女性在晾晒衣服时，都要为此事大伤脑筋。搭在外面晒未免显得不雅，而挂在屋内干得又太慢了，拿电吹风烘烤又怕损坏。松下抓住女性的这种心理，为了帮助她们解决这些问题，研发出一款价格便宜的小型烘干机，这款产品刚上市不久就迅速走俏。

◎点评

女人们需要的东西越来越丰富，从挂在脖子上的珠宝，到藏在包里的化妆盒，再到各种护肤品，真是种类繁多。针对女性开发的产品，一般都不用愁销路。但这并不意味着，任何女性产品都能卖得很好，在投资女性产品行业时，我们必须先考虑她们的真正需求。

遵循“80/20”法则

“80/20”法则是意大利经济学家维弗雷多·帕累托于1897年对当时英国社会各阶层的财富和收益进行统计分析时发现的。“80/20”法则具体是指社会财富的80%集中在20%的人手中，而剩下的80%的人只掌握着社会财富的20%。

在商业世界中，到处都有“80/20”法则的现象，它反映了一种不平衡性，只要我们稍加注意便会发现。例如，一名推销员在对客户没有进行了解的情况下，即便你使用了80%的努力，推销成功的概率也只有20%；20%的生产线产出了80%的生产量；20%的病假由80%的员工占用；20%的讨论者讨论出80%的结果等。一般而言，通过小部分的努力，便可以获得大的收益；一个组织的盈亏、成败是由小部分人决定的。这便是“80/20”法则的哲理。

由此可见，“80/20”法则已经深深地渗透到人们生活、工作的每个角落。也就是说，“80/20”法则可以让管理者游刃有余地管理好自己的企业。但实际情况是，真正理解“80/20”法则并将其运用到日常管理和商业运作中的人并不多，那么我们应当怎样合理、有效地将这个法则运用到企业管理的实践中去呢？

这就需要我们在企业管理的实践中找到关键问题与重点目标。将有限的精力与时间投入最重要、最需要解决的问题上。对任何企业而言，以下 3 点都是必须引起足够重视的：

1. 设法留住 20% 的关键人才

绝大多数人都认为为企业的发展做出主要贡献的是公司的大部分员工。但实际情况并非如此，通过观察我们便会发现：许多员工忙前忙后，却没有给公司创造出什么利润。只有 20% 的人为企业创造了大多数利润。这 20% 的人才是推动企业发展的关键。因此，一个企业前进的关键，就是如何设法留住并合理使用这些关键人才。

2. 打造 20% 的核心产品

在大多数企业中，80% 的利润实际上是由 20% 的产品创造出来的。这说明，作为一个企业的管理者，应当将主要精力放在那 20% 的产品上。这样做比将所有的精力平均分配给所有的产品要有效得多。当然，“80/20”商品法则是要求企业将主要精力投注在重要商品上，而不是对其他的产品不管不顾。

3. 抓住 20% 的关键客户

对自己的企业做过统计的管理者都会发现，80% 的利润来自 20% 的客户，因此，这意味着关注大客户与长期客户，是一个企业生存和发展的关键所在。

在生活中，许多人将大部分的时间与精力都花在没有意义的活动中，而“80/20”法则会让你避免陷入这种境地，让你善用自己身边少数的强势力量和资源，从而获得更多的成就和快乐。

◎案例

美国一位成功的企业家——威廉·穆尔，曾为一家公司销售油漆。但在第一个月，他只挣了可怜的 160 美元。通过仔细分析自己的销售图表，穆尔发现自己 80% 的收益来自 20% 的客户，但是他花在所有客户那里的时间却是均等的。为了改变这种情况，穆尔将他的低收益客户给了其他的销售人员，而自己则把大部分时间和精力放在剩下的最有潜力的客户身上。这种办法很快就奏效了，他的收入从160美元上升到了1000美元。

◎**点评**

在我们的生活和工作中存在一种现象——少数的几件事情产生了绝大部分的价值。如果我们能够集中精力把这少数几件事情做好，也就掌握了大部分的效益。反过来，如果我们把时间和精力平均分配，被其他大部分效益较低的事情缠住，最后只能产生很少的效益。人们把这种现象概括为2/8现象，20%的事情产生80%的效益；而剩下的80%的事情只产生20%的效益。

如果你认真地整理和回忆一下，就会发现自己公司80%的业务来自20%的客户，80%可以用的资料集中在20%的档案中，80%出去吃饭的时候我们都去那20%的餐厅，80%的电话来自我们所认识的20%的人。所以，科学地管理时间，提高效率的关键就是掌握这20%。时间的管理就是要掌握关键工作、关键人物与关键活动，从而让自己花更少的时间，取得更大的效益。

手表定律

在管理学中有一个著名的定律，叫作手表定律。它是说如果我们有一块手表，便可以知道具体的时间。但如果同时拥有两块或者两块以上的手表，若是手表显示的时间不相同，会让我们对时间产生迷惑，产生混乱，这就是手表定律。透过表象观察其内部含义便是，一个人如果同时挑选了两种不同的价值观或者行为准则，便会让生活和工作陷入混乱的局面。手表定律是对管理中统一指挥原则和统一领导原则最好的注释。

相信许多人在管理的实践中，都有过这样的体验：想要做出决策的时候，总是感觉手中掌握的信息不够充分，于是开始寻找他人的建议，认为自己寻找越多的人咨询，就越容易做出科学、客观、准确的判断和决策。但是当各种建议向自己涌来的时候，便会发现大脑已经一片混乱，无法寻找自己原本的想法。于是只能做出一个中庸的、综合所有建议的决策，这个决策可能会让大部分人满意，但要注意，这个决策并不一定合理。

个人目标是建立共同目标的基础，只有建立起自己个人目标，共同目标才会在组织中形成。而共同目标是一个团队中所有成员所共同持有的理想，可以激励企业员工万众一心，并且为了实现共同目标而将自身的热情释放出来。

这里要注意的是，企业的共同目标不是简单地将员工的个人目标叠加起来，个人目标的力量源于个人对实现自我价值、目标的关切。一个员工想要实现自身价值，就需要一个好的平台，这个平台就是他所在的公司，只有公司的业绩提升了，他的个人价值才有机会实现。

因此，作为一个企业的管理者，理解手表定律对企业有着重要的意义。作为领导者，你必须确定企业中所有的成员都遵从一个行动纲领，而且每一个员工都愿意为此付出努力。这样，企业的员工才会朝着企业发展的目标奋斗。一家企业内部，如果企业和员工没有一个共同的目标，企业便会像一个失去手表的人那样陷入迷茫。相应地，如果建立起感召众人的共同目标，企业就会顺利地发展和壮大。

◎案例

王亮被一家企业的老板聘为经理。这家企业虽然成立不久，但技术先进、产品适销对路，老板富有眼光和魄力，敢于放手让王亮经营。王亮在老板的支持下全力以赴，大刀阔斧地开拓市场，规范企业的内部管理，引进人才。企业发展迅速，规模迅速扩大，取得了可观的利润。

随着企业的发展，老板开始对大权在握的王亮戒备起来。他招聘了一位副厂长，协助王亮抓管理。虽然名义上是给王亮当助手，实际上却是对王亮的制衡和监督。在老板的支持下，副厂长有充分的发言权，两个人的矛盾不断升级。王亮说这么干，副厂长说那么干，搞得下属们无所适从。王亮心烦意乱，失去了当初的热情和冲劲。企业的正常经营也受到了影响，效益开始下滑。

◎**点评**

手表定律告诉我们，同一件工作，不能同时具有两种不同的目标；解决同一件事情，不能同时采取两种不同的方案；同样地，一家企业也不能同时采取两种不同的管理办法，不能同时设定两个不同的目标；对一个人，不能有两种不同的要求，也不能设置两个领导者对其发号施令。否则，企业就会陷入混乱，不仅执行者在面对命令时会显得无所适从，就连指挥者也会陷入茫然失措的境地。

不可忽视的财务管理

为了满足市场营销活动的需要，企业往往会投入大量甚至全部的流动资金，这是毋庸置疑的。如果失去了市场，企业就无法生存和发展下去，营销活动的确需要大量资金的支持。但很多企业通常都忽视了一个重要的环节——企业财务管理。

忽视财务管理的现象主要发生在中、小企业中。缺乏财务管理意识，一般会给企业带来 3 个方面的危害：

1. 企业内部风险

财务管理不严格，财务控制环节较为薄弱，势必会造成管理人员损公肥私现象的发生。

生产工作急需的原材料、半成品以及固定资产等管理不到位，就会让企业产生内耗，造成不必要的资产浪费。

2. 市场风险

企业主为把握好市场机遇，需要进行多元化投资，这时就必须拥有大量的资金支持。一旦出现财务管理不利的现象，就很有可能导致资金链的断裂，流动资金周转失灵，出现经济危机的状况。

3. 资金过剩或不足

很多中小企业认为储备资金越多越好，他们将大量的现金锁进保险柜用于救急。其实，“守财奴”式的财务管理方式也不利于企业的发展。还有一些企业则正好相反，他们如“月光族”一般经常把流动资金花完，购置大量的不动产以及原材料。这样的企业经常会陷入财务困境，因为他们无法为营销及其他商务活动买单。另外，部分企业从银行申请短期贷款，却大胆地用在长期投资上，一旦投资失败就会出现还贷危机。

◎案例

隆源办公家具厂是苏州一家中型家具生产企业，该企业自成立以来发展势头一直不错，销售量持续攀升。尽管其财务管理工作向来不被重视，但好在企业一直处于盈利状态，短时间内企业主并没有察觉到会出现重大问题。

后来，隆源家具厂的刘经理做出多元化发展的决策，目标选定为当地一家面临破产的饲料加工厂。这家工厂前几年经营利润相当高，市场前景较好。刘经理当即决定，把公司的流动资金全部拿来收购这家饲料厂。但他并没有留意到，此时隆源的财务危机已经悄悄降临。

由于对新行业缺乏充分的了解，财务管理的能力相对较差又不懂营销，再加上渠道资源严重匮乏，新企业接手后不久就持续亏损。这时候，隆源缺乏必要的流动资金，让刘经理举步维艰。

◎点评

任何企业的生存与发展，都离不开资金的支持。相当一部分中小企业的“暴发户”，对财务管理工作可谓一窍不通，他们当中有的从来不看财务报表，有的虽然经常看，但从来都没看明白。这些企业中的财务管理人员，平日里如走马观花一般对自己的工作毫不重视，这都是企业主惯出来的坏毛病，因为作为企业的创立者本身就不重视财务管理。

节省一元钱，就净赚了一元钱

台塑集团的员工们，一直被集团创立者王永庆强调着一条节约意识：“节省一元钱等于净赚一元钱”。他的这句话，后来被国内外管理者命名为“王永庆法则”。

创造财富一直是企业经营者们矢志不渝的目标，殊不知，勤俭节约也是理财的一部分，人们甚至会把节约理解成“小家子气”。他们太过于追求创造财富，而忽略了节俭的重要性。其实，对财富的运用和创造，往往是建立在节约的基础上的。

大量财富的积累是通过两种途径形成的，一种是创造，另一种是节省。勤俭节约是世界人民的传统美德，即便是世界上规模最大的企业老板，也通常把节省作为自律的一项要求。作为企业经营者，节省不应该有时间和地点之分，应该从细节做起，随时随地节省每一分不应该花的钱。要知道，一个人不节省就难以致富，一个企业不节省，也无益于发展。

◎案例

沃尔玛那么大的百货公司非常“吝啬”，甚至不愿多浪费一张纸。记者来采访，缺打印纸找秘书要时，经常听到这样的回答：“地上废纸箱里有，挑几张出来反过来用就行了。”如果记者一再要求用新的打印纸，对方就会这么说："我们这里从来没有专门用来打印的纸，用的都是领导用过的废纸的背面。"另外，据报道，在召开2001年沃尔玛中国年会的时候，招待来自全国各地的客商的地方不过是几家有洗澡间的小旅馆。

沃尔玛赢在俭省上。日本驰名国内外的丰田汽车公司，也同样提倡这种精神。著名的"三河商法"就启用于丰田公司，规定中的重要一条就是"吝啬"。丰田公司的老总丰田喜一郎坚决反对铺张浪费的现象，他说过："企业经营必须要有一定的基础，这个基础就是要避免浪费。"在丰田公司刚开始起步时，喜一郎就一再强调："钱要用在最需要的地方……我们要用一流的精神，制造出一流的机器，生产出一流的汽车。要杜绝各种浪费。""吝啬"的精神得到了完美的贯彻，这让丰田汽车公司取得了事业上的巨大成功，成为世界汽车行业首屈一指的大企业之一。

◎点评

很多企业都在提倡"吝啬"的精神，并且认为适当的俭省可以创造和积累财富，但他们只是当作一个口号，并没有像沃尔玛、丰田那样自始至终地贯彻下去，也没有让俭省节约成为公司的一种经营理念。在创业的道路上，我们可以随口说出很多理念，每一条都可以当作真理来对待。但是没有多少企业能像丰田和沃尔玛这样，借节俭之道创造常人难以超越的财富。

如何提高现金效益

在资金紧张的情况下，企业就不得不求助于自己，深度挖掘企业内部的潜力，通过财务管理向财务内部要现金，让企业内部充满活力。

流动资金不足时，企业一般要通过两个方面来改善：降低成本和优化资本结构。

降低成本：

1. 降低管理成本

很多费用的支出都可以划入管理成本的范围，比如采购费用、交际应酬支出、交通差旅费用等。对于这些地方，财务核算时一般都不怎么关注，其实逐项费用加在一起数额也是很大的，因此，当我们遇到经济困难时，第一个要降低的就是管理费用的开支。

2. 降低运营成本

所谓运营成本主要指的是生产原材料的采购成本，经济危机时期企业的材料供应商同样面临业务困难，企业应该随时关注原材料的价格，在可以选择的情况下尽量以物美价廉的方式收购。这样，既让自己降低了运营成本，又可以帮助供应商化解危机。

3. 降低人力资源成本

裁员是主要方法之一，另外还可以扣除部分薪酬作为培训费等，这些都是降低人力资源成本的手段。尽管有些办法是员工不愿意接受的，但是为了优化人力组合，管理者不得不这么做。

4. 减少或取消不必要的投资

企业资金流动力不足时，不适合做扩张性的投资。多元化的投资应该尽量减少，转而将资金用在补充性投资上，这样可以避免资金过于分散而加重财务危机。

优化资本结构：

1. 成本结构的优化

成本结构包括直接生产成本和非生产性费用。降低直接生产成本的方法，也就是降低材料采购费用。而非生产性费用，通常指的是管理、财务和营销等方面的开支。成本结构的优化，需要管理者对费用的结构有充分的了解，做到既可以节约费用，又可以提高业务需求。为了强化重点业务活动，必须控制非关键费用的支出量，把有限的资金用到对销售有关键作用的地方。

2. 营运结构的优化

加强库存管理和现金周转的优化，是营运结构优化的主要内容，其根本目的是改变销售量越大库存反而越多的现象。为了适应经济形势的需要，库存结构的优化是必不可少的。优化库存结构不能只停留在“压库存”阶段，管理者应该对库存结构有更深一步的了解。针对那些周转速度较慢而且价格波动频繁的货物，应该尽量减少库存量，并想方设法地加强其周转的速度。周转速度较快而且不方便采购的原材料，要保持一定的库存量。如果不假思索地清仓处理，很容易造成材料供应不足、部分产品停产整顿的现象。

3. 现金周转的优化

现金周转优化的主要内容包含两个大的方面：应付账款和应收账款的优化。为了做好这项工作，企业应该建立并完善财务收支系统，尽量减少收、付周期的误差。

◎案例

血气方刚的郭兴为了下海创业，辞掉了工作。他雄心勃勃，虽然只有几十万元资金，但他还是花了 20 万元购置办公设备。其实，这些办公设备在旧货市场里花几千块钱就可以买到。

郭兴认为，公司招聘的业务员越多，相应的业务量就会越大，公司的发展就会越快。所以，当年年底的时候，整个公司已经拥有 12 名员工，仅仅工资开支就让他喘不过气来了。但业务量并没有达到预想的水平，员工的收入随之降低，工作积极性受到了影响，业务量更是无法提升。公司的经营陷入了一种恶性循环当中。

几个月后，郭兴的钱已经花完，公司支撑不下去，只能倒闭了。

◎点评

如果手中掌握的资金非常有限，现金流的控制对于初次创业者来说是非常重要的。因此，必须节约使用，绝不能凭一时冲动，大手大脚地花钱。公司面临的首要问题是生存和发展，而不是撑门面，打肿脸充胖子。

第六章

重视营销管理

为了建立和保持企业与目标市场的互利交换关系，而对某些项目进行规划、实施以及控制的过程，就是企业营销管理。实际上，营销管理就是需求管理，它要求管理者对需求的水平、时机和性质进行有效的调解。企业在实施营销管理过程中，经常需要以提前设定好的市场需求水平作为参考，但是，这样的需求水平可能跟实际的市场需求水平有一定的差距。因此，企业营销管理者为满足市场需求，需要根据不同的需求情况制定不同的营销管理对策。

企业营销管理工作的具体内容包括很多方面，每个环节都要考虑周到。强调团队合作及供应链的营销政策才是好政策。营销管理者在推行政策时应特别注意以下5个主要方面：企业、消费者、经销商、终端、销售队伍。要让企业营销管理工作有效地运转下去，就必须满足这几个方面的需求。

营销管理重在控制过程

公司在进行营销管理工作时，往往只看重结果不在乎过程。我们常常能听到营销主管给业务员灌输这样的思想：“我不管你用什么方式，只要你能卖出去就行，公司要的是销售业绩。”这就是典型的“结果导向”观念。

企业做任何工作都要求得到结果，但过分关注结果而忽略了过程，有时是适得其反的。在现代市场营销的大环境中，“结果导向”变得越来越不讲道理，因此遭到市场的排斥。只看结果不管过程的营销管理观念是不理智的，如果营销主管对业务员做出这样的要求，那么他所希望达到的业绩通常会变为空谈。

其实，营销管理工作应该重点关注过程管理，控制了过程，也就等于控制了结果。我们都知道结果是在过程中产生的，好的过程会赢得好的结果。

过程管理不透明和暗箱操作的现象在现代营销管理中是非常可怕的，会导致过程管理失去控制，如此一来，结果的失控也就成了必然。

◎案例

在海尔集团下属的一家小公司，驻外营销人员只有40多个，公司总部的营销主管却有4名，这样的人力安排看起来似乎不太合理，但公司高层有他们自己的道理。

这4名营销主管专门用来控制业务员的营销过程。每天早上8点，营销主管们必须打电话给业务员，核实他们是否已经到达指定的地点开展营销工作。每天傍晚5点到6点之间，业务员必须和各自的主管联系，把一天的工作成果汇报给上司。内容要尽可能详细，包括：在什么地方拜访了哪些客户，客户们提出了什么要求，客户的姓名、地址、电话等。

主管们把这些信息搜集起来，定期或不定期地进行抽查，调查业务员汇报的信息是否属实。像这样的“营销日记”，业务员们每天都要写，在他们回到公司总部申请财务报销或述职时，主管们要对其“营销日记”及各项票据逐一核定，最后才决定是否报销。

◎点评

营销管理最终的成败，取决于企业所采用的营销管理方式是“结果导向”还是“过程导向”。当然，我们不能完全反对“结果导向”的管理方式，这种方式有时也能起到控制作用。但实际上，由于结果是具有滞后性的，所以“结果导向”的控制往往都只是“亡羊补牢”。今年的销售业绩表现良好，也许是业务员们去年努力的结果，而今年的营销努力可能会等到明年甚至更长的时间才能有所体现。

因此，在现代企业营销决策中，企业管理者们必须以最新的市场信息作为决策的依据。只是单纯地根据“营销结果”进行营销决策或是进行营销管理，显然是行不通的。

了解顾客的需求

匈牙利有一位出色的质量管理顾问，在他的职业生涯中一直秉承着一条宗旨，为他所效力的公司做出了巨大的贡献。他认为，一个企业能否成功地经营下去，取决于企业对顾客的要求是否有较为全面的了解。懂得别人需要什么，你就等于成功了一半，而满足了别人的需求，你才能获得全部的成功。

消费者在决定采购之前，通常要看这种产品是否具备了四个要素：了解、需求、相信和满意。当这四个条件都能满足的时候，他们才会购买。作为成功的经营者，要采取以消费者为导向的生产和营销模式，首先应该全方位了解和掌控顾客真正需要的是什么，时刻谨记采购四要素。

只有及时且充分地了解顾客的需求，企业的经营才能做到有市场针对性。有了这方面的准备，才能创造出新的产品和经营方式，才能保证在市场竞争中别具一格，让消费者时常有意外的惊喜，也会给企业带来新的商机和良好的效益。

客户的需求可以说是多方面的、不确定的，这就需要经营者及时地分析和引导。客户往往对自己将要购买的产品没有非常详细的描述，当一位客户站在我们的面前时，尽管他对某种消费品产生了兴趣，但通常会犹豫不决。这时就需要经营者及时地和客户沟通，对他们的需求做出合适的定义。

◎案例

最近几年，家电行业的市场日趋成熟甚至达到饱和状态，行业竞争也已经上升到白热化阶段。众多厂家为了争得一杯羹，逐渐尝试采取恶性竞争的方式，在价格大战里杀得难解难分。尤其在液晶电视出现后，彩电厂家已经基本扭亏无望。海尔集团拒绝参与价格战，独树一帜地着眼于消费者的利益，掀起了一场“价值战”。

有一次，海尔集团科研所所长舒海和他的妻子购物时，路过一个洗衣机店，听见一位中年妇女正在那里抱怨。她所购买的洗衣机，在洗完衣服后经常有洗衣粉渣滓残留，为此她不得不在每次使用过后为洗衣机做清洁，不但衣服洗不干净还要浪费工夫。

这个不经意的抱怨引起了舒海的关注。他当时想："设计一种特别的装置，不就可以解决这个问题了吗？"于是，"喷淋手"的构思就这样产生了。由他亲自操刀设计的新款洗衣机不久后面市，这款产品很快受到消费者的青睐，市场销量与日俱增。

◎点评

这个案例有力地说明了解顾客需求对于一个企业的发展来说是至关重要的。同样是做洗衣机，海尔就能做得很好，因为它用了心，认真地研究了顾客的需求，进而努力研究怎样满足顾客的需求。满足了顾客的需求，就迎来了市场。

给客户一个非买不可的理由

消费者不买一款产品，原因通常有以下几种：不需要这种产品，价格太贵，质量太差，服务态度不好。

想让消费者购买你的产品，就要帮助他们解决这些问题。所以，要帮助消费者摆脱这些问题的困扰，就必须给他们一个非买不可的理由。其实克服这些阻碍的方法有很多，比如给消费者签一个非常可靠的承诺书。有了这份承诺，他们才会无视眼前的障碍，放心地购物。

通过这种承诺书，企业不仅能给消费者一个今天非买不可的理由，还能保证这种产品以后出现问题时企业还有售后服务。客户消费时很舒心，你的业务量自然也会跟着上升。

当然，提供任何产品以及相应的服务，不可能一点风险都没有。但假如在客户购买之前，经营者连产品的质量都不敢做出承诺，那么有风险的就不是消费者，而是经营者自己了。

◎案例

人们做任何事都爱找个合情合理的解释，很多成功的商家善于利用这种心理效应，为消费者提供一个个很可信的非买不可的理由，大大提升了销售业绩。

维萨和万事达两个信用卡公司，在为消费者提供“花旗购物卡”的服务活动中，曾经有过失败的经历。起初他们做出的承诺是“使用花旗购物卡能够让您享受到20万种名牌商品的最低价”，可是效果并不好，很少有用户问津。

反思之后，他们发现自己所谓的承诺，不过是为用户提供了利益，但是没有为用户提供令其信服的理由。后来他们增加了宣传的内容：“使用花旗购物卡购物可以让您享受20万种名牌商品的最低价，我们的计算机时刻为您监控着全国各地5万家零售商的价格，保证您买到的商品是最便宜的。”这则广告登出不久后,注册办卡的人数与日俱增。

我们再来看一个非常失败的宣传案例。海王牛初乳对消费者宣称，他们的牛初乳是从新西兰的奶牛基地进口的，并且这种牛乳，一头奶牛每年只能产两公斤。他们自以为这样的宣传效果很好，但是忽略了消费者的计算能力。我们不妨算一下，假如海王牛初乳要满足中国上亿家庭的需求，每个家庭按三个人算，每个人每天喝半斤牛奶，一个家庭一天就要喝一斤半,这么算下来中国人一天就要喝新西兰上亿头奶牛产的奶。这可信吗?

◎点评

为了让自己的购买行为看起来合情合理，人们总是寻找各种理由。在寻找这些理由的过程中，还往往要区分哪一个更可信，哪一个更不可信。一旦找到最可信的那个，他们也就不再刨根问底了。

著名的广告大师奥格威也说过：“千万不要认为消费者是傻子，他们比经营者要聪明得多。况且商品就摆在货架上，买不买那是他们的事。如果你说得有道理，他们就会相信你，如果你说的理由很牵强，他们就会毫不留情地离开你。”

从客户的口中寻找线索

在日常生活中，人们不可避免地会说错话，有时是因为紧张，有时则是无心的流露。这种无意间讲出的错话，就是我们所谓的“口误”。很多人都不在意口误，但心理学家弗洛伊德对此很感兴趣。在他的理论里，这种现象极富研究价值。他认为口误并不是偶然出现的，通常情况下口误的内容是人们真实想法的体现。

弗洛伊德在其心理学著作中提到过，梦和口误，都是在人类的潜意识下产生的，通过精神层面的分析，这种现象具有实践意义。这里的实践意义，指的是从一个人的口误中，我们可以挖掘出藏在他心里的某些秘密。

弗洛伊德关于口误的见解，运用到营销管理界再合适不过。精明的营销人员，往往很会琢磨客户的心理，他们不断地从客户的言谈举止中发现线索，并且根据这些线索顺藤摸瓜达到售出产品的目的。这种口误被称为“可控性口误”，也就是说它是可以操作的，营销人员通过主动发问的方式，在客户不设防的情况下获取他们的信息，这些信息通常都是真情流露。这种方式只可以用来针对经验欠缺的客户，他们往往很快就中了销售人员的“埋伏”。

◎案例

销售代表带着一对夫妇去看房。原本这对夫妇并不看好这套房子，他们打算在后院遛一遭然后走人。来到后院，妻子却被栽在那里的樱桃树吸引住了。她立刻对丈夫说：“老公，你看樱桃开的花多漂亮啊！我小的时候，老家也有这么一棵，开的花就跟现在一样，可漂亮了。好久没有见到这种场景了，让我想起了老家。”

销售人员很快捕捉到妻子话里透露的信息，她认识到，这个家庭中妻子的决定权大于丈夫。所以，她当即决定，把推销的主要目标对准女主人。

男主人对这所房子的意见，主要是嫌厨房太小，而且卧室的朝向也不尽如人意。对此，销售人员做出了一个非常正确的选择，那就是承认缺点的存在。她是这样解释的：“厨房的确是小了点，卧室的朝向也的确不好，但是不知道你们注意到没有，在这两个地方只要站在窗前，一眼就能看见院子里的樱桃树。”

想不到这棵樱桃树，成为点缀整所房子的关键所在，这对夫妇瞬间感觉到庭院设计的人性化。有了这棵树，环境显得更优雅了。由于妻子对樱桃树的钟爱，丈夫最终做出妥协，决定买下它。

◎点评

这位销售代表成功地利用了客户的潜意识倾向，把客户并不看好的房子卖了出去。这种“口误”的出现，对于客户本身来说并不是有意的，他们并不了解这么简单的一句话能透露出什么重要信息。但是，对于销售人员来说，则无异于挖到了宝藏。主动采取诱导式的提问，让销售人员找到了成功的突破口。

给公司起个响亮的名字

英国举世闻名的大文豪莎士比亚曾经说过：“玫瑰不管取什么名字都是香的。”但在为公司取名时这句话却是不恰当的。中国民间也流传着这样一句话，叫作“人靠衣装马靠鞍”。意为：人要靠衣服来装饰，马需要用鞍来陪衬，才能协调自己的形体特征。好的名字，对于创造一个名牌来说，通常能起到举足轻重的作用。名牌之所以能成为名牌，与好的品牌名是分不开的。正如索尼公司创立者盛田昭夫说的那样：“取一个响亮的名字，以便引起顾客美好的联想，提高产品的知名度与竞争力。”

企业需要一个好的名字，产品也需要一个好的品牌名。这样做的好处有三点：其一，明确产品的身份，让消费者将自己与其同行业自行区别开来；其二，尽可能追求传播的效果，扩大企业的知名度；其三，增加消费者对该企业产品的好感。

消费者的需求逐渐向名牌靠拢，越来越多的人开始追求名牌，甚至产生“无名牌不购物”的倾向。可见，名牌效应已经成为较为常见的竞争方式，品牌已经具有和商品质量、价格同样重要的地位。因此，创立品牌也就成为一种战略选择。很多企业为了起一个响亮的、准确的、标新立异的名字而绞尽脑汁，其迫切的心情是不言而喻的。

◎案例

在中国，家乐福的名字可谓家喻户晓。家乐福的翻译是根据法语Carrefour而来的，它的意思有这么几种：十字路口、街道或各种思想、意见的交汇处。一位浪漫的法国人把这个单词延伸为“林林总总的物质商品集合处”，并把它选为自己公司的名称。如今，这个名字已经享誉世界，成为仓储式百货零售店中的代表。这种独具匠心的词义延伸，恰恰体现了现代物流的概念，不仅十分贴切而且颇具新意。此外，家乐福的商标设计也独树一帜：左边一个红色箭头，右边一个蓝色箭头。这两种颜色也是法国国旗选用的颜色，两个弯曲的箭头共同组成了Carrefour中的首字母C，这也是该设计颇具创意的地方。

更有意思的是Carrefour来到中国后，起了个富有中国传统思想的名字“家乐福”，听起来给人一种温馨的感觉。家乐福以这种亲和力和低价销售策略，很快融入了中国的市场。

◎点评

也许一个好的品牌名无法提高劣质产品的销售量，但是一个相对较差的品牌名很有可能造成优质产品的滞销。名字取得朗朗上口，既好听又好记，不仅能让人过目不忘，还可以让消费者的购买欲望大增。相反，如果名字取得拗口、怪异，或者借用成功企业的名字，就会带给消费者不好的印象，他们自然也不会过多地光顾你，这无疑会影响企业品牌的传播。

用广告来打开销路

英国广告学专家布里特对广告有一个形象的比喻，他说："商品就像一个脉脉含情的姑娘一样，假如不做广告，就只能在暗处向小伙子送秋波，她有多美丽只有她自己知道。"而中国的传统观念则认为"酒香不怕巷子深"，如果这种思想运用到商业经营领域，势必会造成"养在深闺人未识"的后果。因此，一种商品要推而广之，首先要广而告之。

企业之间互相厮杀，其竞争目的无非是提高商品的知名度。广告作为一件不可缺少的武器，被越来越多的企业运用起来。精明的企业家们都懂得怎样利用广告来推广自己的产品，在竞争中不断取胜，从而拓展市场份额。

改革开放之前的多数中国企业，并不重视广告的使用。受"真金不怕火炼""枪打出头鸟"等思想的影响，在那个年代，广告被普遍认为是心虚和廉价的体现，张扬和暴露也都被视作可耻行为。然而，近些年来，广告已然成为商品经济的产物。人们逐渐有了"文化搭台经济唱戏"的意识，开始出现"新飞广告做得好，不如新飞冰箱好"等新颖的广告词。一则好的广告，能让消费者产生兴趣，从而产生购买行为。

广告作为一种促销形式，指的是企业通过各种媒介向消费者推销产品，以达到大规模出售的目的。如何做好广告也是一门艺术，一则好的广告登出之前，我们要理清头绪做好以下几项准备：向谁宣传、宣传什么、在什么地方宣传以及什么时候登出。

◎案例

伍德拉夫是可口可乐公司的前任老板，在他掌管该公司时曾经这样告诫企业高层：“可乐这种饮品，99.61%是水、碳酸和糖浆，如果不常做广告宣传，恐怕没人会喝。”

可口可乐被人们视作美国精神的象征，如今已经畅销全世界，全球每天有17亿人次的消费者在畅饮可口可乐公司的产品。可口可乐作为一种普通的碳酸饮料，能够受到那么多人的青睐，广告作用不可低估。

1886年可口可乐刚刚成立，不惜花大价钱，做大量的广告推广扩大产品的销路。当年的可口可乐只是一个小作坊，成立当年的年营业额只有50美元，仅广告费就花费了46美元；15年后的1901年，他们的营业额增长到12万美元，其中10万美元用来做广告；近年来可口可乐每年的广告费高达40亿美元甚至更多。

我们不妨为可口可乐算一笔账：1886年其广告费占营业额的92%，1901年为83%。也许正是这种宣传方式，让99.61%是水、碳酸和糖浆的普通饮料，成为世界销量第一名的饮料。

◎点评

任何企业在任何时间都不能忽略广告的意义，一款好的产品借助现代化科学手段的广告，其发挥的作用是惊人的。企业的经济效益提升离不开广告，企业的社会形象塑造也同样离不开广告，只有把经济效益和社会效益很好地结合起来，才能使企业的整体机能更好地发挥。

别让广告毁了自己

从20世纪80年代开始,我国企业才了解到“广告”这个词的含义。到了90年代，越来越多的商家热衷于使用广告宣传来提高知名度。然而物极必反，广告泛滥就意味着失败的广告也随之增多。

企业经营效益因为广告而翻车的事件时有发生。很多原因都会导致这种现象的发生，比如广告做得太多，但宣传的内容不被消费者认可，虽然知名度提高了不少，但消费者的接受度却低得可怜。还有一种情况是，企业过于依赖广告效应，一旦停止宣传效益就会回落。更糟糕的是，由于使用了不当的方式，其宣传的效果越来越差，但厂商误以为宣传的力度不够，对广告的投入越来越高，最后形成骑虎难下的局面。

◎案例

雀巢咖啡在使用广告语方面，也曾经走过一段弯路。

喜欢喝雀巢咖啡的人都知道，这种咖啡的特点是“速溶”，入水即化非常方便。雀巢也是把“即冲即饮”作为宣传噱头。

但是，他们的广告登出后效果并不好，非但没有增加销量，反而招致了消费者的敌对情绪。为了找出其中的缘由，公司开始派人进行专门的调查，后来才发现，问题出在人们对于“速溶咖啡”的误解和偏见上。人们都认为咖啡能冲得那么快，味道肯定好不到哪去，他们更喜欢“慢工出细活”的老牌咖啡。家庭主妇们对此事也有自己的看法，她们认为买速溶咖啡是懒惰的表现，她们更愿意亲力亲为，给家人磨咖啡、煮咖啡。

掌握了这些信息后，雀巢人即刻换上了新的宣传主题。他们不再把“速溶”作为重点，而是大力宣传雀巢咖啡如何新潮，并且强调其口感如何之醇厚、芳香。为了达到更好的效果，他们还加入了很多新颖的创意，在包装袋上增加了很多优质咖啡豆的图像，并以“味道好极了”作为宣传语。

采取了这些补救措施后，公司又投入了大量的资金，提高了宣传攻势。经过很长时间的磨合，终于消除了用户们的误解和偏见，雀巢速溶咖啡慢慢发展成为美国的畅销产品，为推向国际消费市场打好了坚实的基础。

◎点评

企业之所以要做广告，无非是想提高消费者的注意力，激起他们的购买欲望，从而扩大本产品的市场份额。衡量一则广告成功与否的标准，主要是看它能否吸引顾客购买本产品，如果有人购买并且量很大，就说明这则广告是成功的，反之则不然。失败的广告会让顾客产生反感，有的甚至会让人产生敌对情绪，最终导致消费人群的流失。

价格越高越容易畅销

社会经济发展到今天，有些人买东西的目的已经从“实用”演变为“炫耀”。稍微留意一下身边的人就会发现，有的员工使用的手机或电脑比老板的还要贵。这反映出人们已经有了挥霍性消费心理，由此，美国的经济学家凡勃伦提出“商品价格定得越高越能畅销”的观点。

我们可以用自己的购买经历作为参考。同一款式、皮质几近相同的一双皮鞋，一般的鞋店只卖几十元，可一旦这款皮鞋在大型商场上架销售，价格就会涨到几百元。奇怪的是，仍然有人在买这款皮鞋，而且为数众多。另外，一些天价商品也能在市场上走俏，比如单价 1 万多的眼镜架、6 万多的限量版手机和 200 万元的钢琴等。

其实，消费者购买这类商品，并不是为了满足物质需求，而是为了满足心理上的需要。于是，一种怪异的甚至不可理喻的经济现象产生了——不买最好的，只买最贵的。

◎案例

师父为了启发徒弟，让他去菜市场去推销一块石头，并且告诉他不能把它卖掉。

“问问他们愿意出多少钱买，只问价格不许真卖。”

于是，徒弟带着这块精美的石头去了菜市场。菜贩子们都非常喜欢这块石头，打算把它买下来给自己的孩子做挂饰。但是他们的出价并不高，最多只是几枚硬币而已。

徒弟灰心丧气地回到师父身边:"它最多只能卖几个硬币。"

师父说:"现在带着它去黄金市场吧，问问那儿的人愿意出多少。这次还是不能卖，只打听价格便可。"

半天的工夫，徒弟高兴地跑回来了:"太好了，那里的人财大气粗，最高的愿意拿1000元换这块石头。"

师父说:"好！别歇着了，现在你赶紧去珠宝市场，低于50万元不要卖。"

徒弟刚到珠宝市场就惊呆了，门口就有人开价5万元，简直让人难以置信！刚进去没多久，就涨到了10万元、20万元、30万元，挤在一起撕破了喉咙竞相叫价。

徒弟说:"价格太低了，我不能卖给你们，我师父说了，低于50万元不许我卖它。"

话虽这么说，他心里已经突突直跳了:"这些人都疯了吧？"对他而言，菜市场的价格就已经出得够高了，这里的人竟然可以叫到几十万。最后，他以50万元的价格把这块石头卖掉了。

徒弟回来后，师父说:"你现在明白了吧，同样一个东西，如果你不抬高它的价位，就永远不会得到更高的价钱。"

◎点评

人们的消费观念，从追求质量和数量，逐渐转变为追求高品位高格调，这与社会经济的发展有着必然联系。了解了这一点，我们就能利用新的消费观念来探索新的营销策略。比如借助媒体大肆宣传，先提高商品的影响力，使你的商品成为"高层次"的代言词，让消费者一见到你的产品就联想到"名贵"和"奢华",从而加深消费者对这种商品的好感。

重视产品的外形和包装

随着市场竞争异常激烈，经营者们的销售方式也在不断地发生着改变，一款产品要在市场中崭露头角，除了产品本身的质量外，其外形和包装也尤为重要。

包装是产品的外在表现，吸引人眼球的造型别致的包装通常能起到刺激消费的作用。为了考证这一观点，美国首屈一指的大型化学工业公司“杜邦公司”做过专项调查，结果显示：根据商品的包装挑选商品的消费者占63%，这一发现后来被称为“杜邦定律”。另外，英国针对女性购物者做过调查，证实了女士比男士更容易被产品的外形包装吸引，面对琳琅满目的精美包装，女士的购买数量总是超出自己的计划。

因此，生产经营者在注重商品内在质量的同时，也不能忽视外在的质量，即产品的外形和包装。经营者们的包装策略各有千秋，但他们都只有一个目的——让消费者产生购买欲。

现代社会，产品的市场逐渐细分，大型商场的产品琳琅满目、铺天盖地。给消费者留下第一印象的就是产品的包装，他们有着自己的审美观，只有看见自己感兴趣的，才会停下来仔细观摩。所以，同一款产品的包装设计，不能过于单调，从新、奇、特的角度出发，在产品的颜色、图案、材料和标志等方面多下功夫，让你的产品别具一格。

究竟设计成什么样了消费者才喜欢，没有什么规律可循，人们的购买欲总是变幻莫测的。我们在给自己的产品设计包装时，应该重点追求多元化和个性化，突出产品的本体性和趣味性。

◎案例

春秋时期，楚国有一个专门卖珠宝的商人。有一次，他带着大量珠宝来到了齐国，为了能让自己的珠宝畅销，他特意选用较为名贵的木料，制成许多造型别致的小盒子用来装珠宝，盒子的外面刻着很多精美绝伦的图案，并且还散发着清香。

这天有个郑国人路过齐国，被这些盒子的美惊呆了，他毫不犹豫地买了一个。打开盒子后，他把里面的宝物拿出来，退还给珠宝商。

这个故事本来是用以批评郑国人做事不分主次、舍本逐末的，但也反映了消费者的购买心理。

◎点评

为产品设计良好的包装，已经是商家们普遍使用的营销策略。正如法国社会学家杨·波德里雅尔曾说的那样："一件东西想要成为消费品，就必须让自己成为一种记号。"制定现代包装策略的时候，要考虑到通过包装设计环节，让这种记号得到强化。

在消费方式逐渐成熟的社会里，消费者已经不再把商品当作物品，很多时候他们更希望自己买到的商品是一件艺术品，就像女士中的"挎包族"，她们的包主要不是拿来用的，而是拿来欣赏的。

怎样做好渠道促销

渠道促销和经营者习以为常的终端促销有两个明显的区别之处，一是渠道促销的对象相对一般的消费者能力较强，二是渠道促销的客户集中性也非常高。因此，和终端促销相比，渠道促销的难度也是非常大的，经营者在运用渠道促销吸引促销对象时，终端活化的方式往往起不了作用。

渠道促销所面对的客户群体，都是受总经销商管辖的分销商，所以，要想达到成功促销的目的，厂商之间的配合、默契程度的高低，就显得尤为重要了。

厂商要和经销商做好配合，第一个要解决的就是货源的问题，正所谓“水到渠成”，没有货还谈什么促销呢？因此，在促销活动开展之前，厂家必须具备足够的货源基础，保证经销商随时都能拿到货品，以便供应到渠道中。

接着就是让利程度的问题了。道理很简单，厂家让利的程度越大，经销商的支持率就越高，反之则越低。但是，经销商的胃口是很大的，可以说是来者不拒，厂家不能无限制地让利。

货源储备充足并且让利程度也被对方接纳，接下来就是业务人员之间的配合了。企业的业务人员和各经销商业务员之间是一种战略合作伙伴关系，业务员之间的配合程度，直接反映了厂商和经销商的配合程度。

◎案例

仅仅 3 年的时间，五谷道场方便面厂家就盛极而衰，其一败涂地的结局发人深省。

起步之初，该方便面品牌以“非油炸，更健康”的概念，在北方市场红极一时，公司也积攒了大量的资本和品牌资源。于是，公司老总打算以广州为突破口，将北方市场的经验照搬到南方市场。不久后，他也如愿以偿地把五谷道场的产品摆在了广州各大超市的货架上。

但是，其销量出乎预料地低。五谷道场力图扩大市场，殊不知南方人面食吃得很少，该品牌的方便面在广州已经供过于求。当地消费者对五谷道场的印象，只是停留在“非油炸”的概念，然而少有人问津，因为他们并不需要。

另外，五谷道场在广州的分销商很少，渠道工作几乎是一片空白。由于过分投入南方市场，不到两个月的时间，北方的货源极度紧缺，广州的流动资金迟迟到不了账上，给五谷道场以沉重的打击，最后不得不从南方市场退出，整个企业顿时一蹶不振。

◎点评

五谷道场惨痛的教训告诫企业经营者，扩大市场份额时，要留意不同市场的需求，同时不能放弃使用渠道促销的手段。渠道促销就像一团泥，想把它捏成什么样，就要看经营者使用什么样的手法和策略了。作为一个有高度影响力的大企业来说，促销主要是看它的源头，也就是说促销的最终目的是让产品尽可能多地卖到消费者手中，脱离了消费群体的需求，就变成为了促销而促销。尽管这样可以为企业起到一定的拉动作用，但也同样让一家企业面临危险。

企业淡季营销策略

企业经营不可避免地会迎来淡季，前不久还在大卖的产品，转眼间就滞销了。淡季降临后，随之而来的就是企业的收入逐渐减少，并且市场风险慢慢增大，很多经不起折腾的中小型企业都是在这种情况下纷纷倒闭的。这些企业的营销策略只适合在旺季里实施，在淡季里他们通常会束手无策。其实，淡季中的市场更需要企业用心经营。那么，怎样才能让企业淡季不淡，仍然能有较高的收益呢？

企业的经营活动包含两项主要工作：一是内部管理，二是外部营销。在内部管理上，很多企业在淡季为了减少开支，只有一个办法，就是大量地裁减员工，熬到旺季，再重新招兵买马。单从表面上看，似乎节约了部分成本，但实际上企业往往会因此将自己推进动荡不安的环境中。过于频繁的裁员，搞得员工们人心惶惶，他们担心下一个被裁的就是自己，因此无法正常工作。另外，裁员势必造成专业技术外流，被裁的员工带着各项技术去了其他企业，会给本企业带来不利影响。

以下是淡季里企业营销的几种方法：

1. 降价

面对低迷的市场，很多企业都采取这种手段。它可以将大量库存产品变现为资金，为企业减轻流动资金紧缺的压力。

2. 推出新产品

以新型产品吸引消费者的注意，能让企业在淡季的市场里翻起波澜，提高企业的人气。尽管新产品效益可能并不十分明显，但在不景气的市场上至少不会被消费者忘记。

3. 大办促销活动

针对目标消费人群，推出各种让利促销活动，让这些消费者尽可能多地尝到甜头。假如措施得当，甚至还可以让淡季中的企业激起一阵销售狂潮。

◎案例

雀巢公司在印度设有巧克力的分销点，由于当地气候非常炎热，电力设施紧缺，销售场所中也没有安装空调，所以他们不得不在路边摆摊。

外面更不好受，烈日的烘烤下屋外就像个蒸笼一般，经常能达到 40 度左右的高温，使成形的巧克力变成液态，因此每年夏天都是雀巢巧克力销售的淡季。

这天，一位顾客半开玩笑地说："看来你们雀巢巧克力是当作饮料来卖的。"这句不经意的玩笑话，引起了雀巢印度公司主席的注意。他想道："既然我们的巧克力，多数是在液体状态下卖出去的，我们何不直接卖液体巧克力呢？"于是，在他的带领下，立刻设计并推出了一款新产品"Choco-Stick"液体巧克力。该产品的面市受到消费者的普遍欢迎，从此雀巢公司的巧克力产品在印度没有了销售淡季。

◎点评

我们都知道这样一个事实，即便在淡季里推出各种新产品，它的销售量也是无法和旺季同日而语的。因此，企业在推出新产品和促销活动时，要把握好平衡的尺度。毕竟花费一样多的宣传推广费用，在淡季所能达到的效果是很难超越旺季的。

成功推销的七个技巧

世界上最伟大的推销员非乔·吉拉德莫属。他曾连续 12 年荣登世界吉尼斯纪录大全世界销售第一的宝座，这样的成就远非一般人能够企及。普通企业虽然可能永远都得不到他这样的人才，但至少要让自己的员工具备乔·吉拉德一样的精神。

推销员就像是战场上冲在最前面的士兵一样，没有他们冲锋陷阵，任何企业都会在市场经济大潮中节节败退。广义上的推销员并不仅是指超市里的雇员，还包括很多职业角色，比如，基金经理、保险经纪人、地产代理、化妆品美容顾问等。推销是一门艺术，不是任何人都能掌握的。推销员从和顾客沟通开始，一直到签下订单，这个过程不仅需要周密的计划和细致的安排，还要跟顾客进行一次又一次的心理交锋。

推销员之所以费尽周折，目的无非是让客户跟自己成交。什么时候提出成交请求，以及怎样提出，也是有讲究的。以下是成功推销的 7 个技巧：

1. 请求成交

请求成交一般在 3 种情况下才可以提出：一是倾听介绍过程中，顾客没有提出异议；二是顾客的担心已经被消除；三是顾客已经有购买的意图，只是不愿先开口。

2. 假定成交

这种成交方式，一般发生在推销员介绍完产品特色以后，顾客频频表示要购买，只是不敢下决心。推销员假定顾客百分之百会购买，即刻将产品打包送到顾客手中，不要再去问他们到底买不买。

3. 选择成交

在假定成交的基础上，为顾客提供选择的空间，比如“您要精装的还是简装的？”以这种方式督促顾客即刻成交。

4. 小点成交

小点成交讲的是一个量的问题，在顾客决定买一款产品时，不能一次性要求顾客购买太多，这样会带给他们购买压力。

5. 从众成交

利用消费者的从众心理，要求顾客马上购买，比如“赶紧买吧，待会儿就卖完了”。

6. 阶段成交

顾客在购买之前存在异议，需要推销员耐心说服，消除异议或使异议减少，最终达成交易。

7. 试用成交

顾客很想买一款产品，但又放心不下，推销员可以建议顾客试用。

◎案例

一位阿拉伯富商到底特律买邮轮，先后在同一家展厅里遇到两位推销员。当他第一次表示要出 2000 万美元买一艘货船时，推销员的态度很消极，认为这位商人穿着打扮不太讲究，肯定没钱买船，只是打听价钱罢了。所以，这位推销员只是粗略地介绍了一下，并没有建议顾客应该买哪一款。

富商对他的态度很不满意，转身走开了。不久后他遇到另一位推销员，并受到对方热情的招待，他再次表示了要花钱买船的意向。这位推销员脸上始终挂着灿烂的笑容，很耐心地为富商展示产品。

阿拉伯富商非常满意，第二天就送来一张价值 2000 万美元的支票。这位脸上挂着微笑的推销员从中获得了 20% 的利润。

◎点评

顺应顾客的心理活动，是推销员必须重视的。成功的交易，往往取决于推销员站在顾客的角度思考问题，并且审时度势，及时在“推”字上下功夫，不断地加强顾客的购买动机，熟练运用各种推销技巧，坚定顾客的购买信心，最终达到销售目的。

三步做好网络营销

八加八网络营销公司将网络营销定义为："网络营销是企业整体营销战略的一个组成部分，是为实现企业总体经营目标所进行的，以互联网为基本手段营造网上经营环境的各种活动。"该公司的这一理论，已经纳入网络营销教材中，并被广泛应用。

网络营销作为一种颇具影响力的营销手段，受到越来越多企业经营者的关注，有很多小型企业在为品牌打造知名度时，将网络营销列为首选推广方式。这种营销方式，可以为企业直接带来销售增长点，如果宣传措施得当，甚至能实现大跨度发展。可见，网络已经成为企业最容易创造奇迹的一个平台。

网络营销的操作手法，在不同的企业或媒介中，风格各异且水平参差不齐。企业在利用网络作为营销手段时，一般都要做好以下 3 个步骤：

第 1 步：建立起自己的网站，把企业信息全面快速地传到互联网上。在制订营销方案前，要把营销型的网站风格归入考虑范围内。

第 2 步：让企业网站得到及时的推广和维护，以企业网站为核心，运用多种营销工具和方法，为企业开展宣传和推广活动。

第 3 步：通过采用流量监控与分析系统和在线客服，重点管理和监控网站流量信息。功能齐全的在线客服系统，对营销型网站而言是不可或缺的，通过在线交流可以让企业积攒大量的潜在客户，并将他们转换为网上销售的对象。

◎案例

很多网站在网络整合营销能力上已经处于领先地位，土豆网就是其中之一。该网站开展的“趣喝美汁源、一笑赢千金”活动，曾为网络营销树立了一个新的标杆。

这场大型的娱乐真人秀，意在向广大中国网民召集“乐子达人”，让他们分享自己的快乐。此次娱乐活动共分为四个赛区，分别为：北京、上海、沈阳和深圳。网民们可以通过两种方式参加完这场比赛：一是上传视频，二是现场选拔。最后各网络赛区的二强和每个地面赛区的冠军们来到上海，进行全国总决赛，由土豆网进行全程直播。

◎点评

互联网技术的发展越来越成熟，随之而来的便是成本的降低。有人把互联网比作“万能胶”，它将企业、团体、组织以及个人跨时空联结在一起，使得人们之间信息的交换活动变得“易如反掌”。组织和个人之间的信息交换，在市场营销中是最重要的也是最本质的。假如切断他们交换信息的途径，交易也就变得不可信了。正因为如此，才让互联网拥有了进行营销活动所必备的某些特性。

第七章

重视质量管理

质量是一个复杂的系统，涉及产品的设计、制造、使用等诸多要素。比如，一辆汽车本身就是一个复杂的机械系统，评判它的质量是否合格，还要考虑到路况、司机驾驶技术、载重和交通制度等。所以说，对于产品质量的评价应该是多维的。也有些专家认为，质量是一个网络系统，管理上和技术上交付使用的步骤，都需要先确定产品的质量标准。

全面质量管理工作是由一般质量管理发展而来的，它使质量管理工作取得了长足的进展。过去的质量管理工作着重于管理生产过程的质量，通过统计的方法预防产品质量不合格。但是，只靠统计质量管理是不足以解决质量问题的，因为产品质量的形成，还受其他很多过程、环节和因素的影响。相对而言，全面质量管理更能客观地满足现代化大生产对质量管理的整体性和综合性的要求。

全面质量管理工作需要一个较为完善的质量管理体系，这一体系的建立需要经过设计、建立、实施和保持的过程。质量管理组织的最高管理者，要以国际标准体系为标准，进而做出管理决策。不仅如此，还要建立合理的组织结构，提供适宜的资源，此外，质量职能部门对形成文件的程序的制定和实施、过程的建立和运行负责。

不同的组织要以不同的质量管理体系为参考，在设计和建立质量管理体系过程中，把质量目标、产品类别、过程特点和实践经验等有效地组织起来。

没有最好，只有更好

美国管理学家彼得斯说过："为产品最后 1% 的完满性所做的努力，可能导致市场的丧失。"

完美主义其实是"虚幻"的代名词。我们都知道，其实世界上没有什么东西是完美的，就连数学领域里的计算公式，也经常是以"假设"为前提的。然而，实现完美这种假想，却能给无数的普通人提供动力。完美在某种程度上，固然代表着"圣洁"。但假如我们不停地追求完美，就会不满于身边的很多事，觉得好像任何事都是有瑕疵的，必须改变它们，这就可能演变成一种病态心理。

大部分企业的领导者都或多或少地有完美主义的倾向，总是希望自己能做最充分的准备，保证公司的产品是最好的、无可挑剔的，但事实上这种想法往往无法实现。常言道"计划赶不上变化"，怎么可能准备到完美的程度呢？所以，任何人做任何事，都只能做到准备得尽量充分。

完美主义在企业管理中应该慎用。要做好一件事，或是生产出优质的产品，要求当事者及时了解事态发展的阶段，从而制定出目标，规划好步骤。这就好比爬一座山，要根据路标确定自己的位置，计算出距离山顶的大致距离，再根据体能调整自己的步伐，才能最终爬到顶端。假如在爬山之前就规定好到达的时间，结果往往会有偏差，因为你无法做到分秒不差。

◎案例

刘建是一家小型 IT 公司的老板，他是技术员出身，做事追求完美，见不得一点瑕疵，但凡觉得不满意就要求同事返工。前一段时间，公司接到一单游戏开发的业务，这种类型的游戏在市场上很少见到，一旦做出来就意味着他这间小作坊将会在行业里小有名气。然而，工作人员绞尽脑汁做出来的设计，都达不到刘老板的要求，认为他们把这款游戏做得过于简单，难以吸引玩家的兴趣，所以必须增加难度。

结果开发工作一直持续了半年时间，经过多次的改动，终于达到了刘老板的要求。只可惜行业对手的产品提前3个月就已经抢占了市场，刘老板几乎投入了自己所有的精力，此番周折直接让他面临破产的威胁。

◎点评

上述案例告诉企业领导，在追求产品质量的同时，不要把时间抛诸脑后。在市场经济领域里，可以说时间比金钱还珍贵，生产效率才是企业的命根。可见，“抢先战略”是企业在市场竞争中笑到最后的重要条件。无数次的实践已经反复证明了这一点，在生产条件相同、产品规格接近的状况下，先打入市场的企业往往会取得最后的胜利。因为抢先的速度才是竞争取胜的决定因素，所以不能以产品存在1%的缺点为由，放弃100%的市场。

商机是有限的，要好好把握机会。同时，商机也是转瞬即逝的，不要因为太追求完美而错过了它。

把细节做到位

英国有一段民谣，从几个世纪以前一直流传到现在。大致内容是这样的：少了一个铁钉，会失去一只马掌；失去一只马掌，就丢了一匹战马；丢了一匹战马，就输了一场战争；输了一场战争，就灭了一个国家。”这段民谣表明，一个不起眼的细节，往往决定了胜负的大局。

类似的言论在中国古代比比皆是，老子就曾经说过：“天下大事必作于细，天下难事必作于易。”意思是说做大事都是从小事做起的，天下的难事也必定先从容易的做起。李斯的《谏逐客书》中也提到：“是以泰山不让土壤，故能成其大；河海不择细流，故能就其深；王者不却众庶，故能明其德。”讲的都是同样的道理。

现代企业的进步，越来越离不开精益求精的细节管理，产品生产过程的每一个细节都被重视起来，企业才能顺利地运营下去。要做到精益求精，就必须完全按照作业标准，使用正确的工作方法，管理者要督促员工务必细心谨慎，把错误率降到最低点。

◎案例

美国联邦航空局（以下简称美航）生产的产品，精细的程度是出了名的。他们认为，精细的过程控制是产品质量过关的保障，批量生产才能更加稳定。美航曾和中国有过几次合作，当时的上海航空工业公司（以下简称上航）申请生产整机许可证，美方的严厉程度着实让其领教了一番。

比如铆接工序用到的铆钉，按照工艺上的要求，应该在淬火后放入冰箱保存，不到规定时间不能取出使用。在一次产品抽查中，美方代表发现其中一枚铆钉被随意丢在一个角落里，但是工作记录又显示这种铆钉已经全部用完。为此，美方愤然回国。他们的理由是，整机装配完毕后不应该有多余的零件出现，另外，铆钉的随意放置也是违反规定的。这样的飞机是不合格的，中方员工的工作态度有待改善。

正是美航这种一丝不苟的细节管理，才让上航吸取了教训并不断进步。

◎点评

我们都知道“战场无小事，经营如战局”。产品生产的每一个环节都是至关重要的，万万不可掉以轻心，飞机少一个零件就可能无法起飞。

这就要求企业管理者们提高警惕，严防死守质量关。比如，在技术工作中需要用到的每一张图纸，尺寸都要合乎标准；在组装产品的工作中，要注意每一种材料的质量是否过关，每一个零件的规格和型号是否合乎标准；在生产制造工作中，要不断调试每一道工序；在做产品质量检验的时候，每一组数据都要确认。做到以上几点，方能树立起公司的品牌形象。任何一个管理者都要清醒地认识到“一招不慎，满盘皆输”，所以要监督好自己的员工，无论负责哪一种工作，都要达到精益求精的程度。

量化管理细节

“让青年工作者胸怀大志的确是件好事，然而，为了达到这种目的，需要很长时间的积累。重视每一天的每一件工作，由此循序渐进地进步、坚持，最终将成就伟大的事业。”日本经营之神松下幸之助是这样告诉我们的，他自己也是这样做的。踏踏实实地做好工作中的每一件小事，让松下幸之助成就了规模巨大的个人事业。每一个成功的企业家都是关注细节的高手，因为他们熟知企业的生命存在于细节之中。

在企业管理中，不少老总概括自己的管理经验时，总是津津乐道地大谈公司制定过多少规章制度、工作流程如何详细、有多么全面的工作手册。但是他们通常都忽略了最核心的部分，也就是让管理的细节量化。

“微笑服务”的标语被企业张贴得到处都是，但真正做到的却没有几个。谈到微笑服务的典范，我们不得不提沃尔玛。也许你会认为是笑谈，沃尔玛对员工微笑的标准做了很详细的规范。比如“请对三米以内的顾客微笑”“请对顾客微笑时露出你的八颗牙”等。

为提高服务的质量，沃尔玛管理者规定员工们在回答顾客提问时要尽量详细，并且无论顾客问什么都不要回答“不知道”。另外，沃尔玛还规定，不管员工有多忙，只要有顾客登门，必须放下手头的工作，把顾客带到他们想要的商品前，不可以只敷衍地伸手指方向。这种体贴入微的服务态度，帮助沃尔玛成为首屈一指的大商家。

◎案例

日本东京贸易公司设有专门为客商订票的服务部门。这天，像往常一样，该部门负责人为来自德国的一位老客户订好了东京到大阪往返的火车票。接连在这条路上跑过几个来回后，德国客商发现一个有趣的现象：每次去大阪的时候，他的座位总是挨着列车的右窗口；而回东京的路上，他却都能挨着列车左边的窗口。

德国客商非常好奇，忍不住问了一下专门负责为他订票的那位小姐。负责人微笑着答道：“去大阪的路上，富士山正好在您的右边，返回东京的路上，富士山在您的左边。我认为，外国来的客商大都喜欢我们日本富士山的美景，所以自作主张替您买了不同位置的车票。”

就这么一桩看似不起眼的小事，让这位德国客商感动不已，将原本计划给东京贸易公司投资的400万马克，直接增加到1200万马克。

◎点评

德国客商增加投资金额，是东京贸易公司重视服务细节赢来的结果。

市场竞争这么激烈，得以存活下来的企业逐渐壮大，有的大型企业员工数以万计，他们的分工也越来越细。高层主管的数量到底还是比不上一线员工，企业中的很多小事都是由一线员工来完成的。企业管理者们不要忽视了管理细节量化的力量，正是这股力量，让一线员工在各自平凡的岗位上，做出了巨大的贡献。

严防企业安全事故

德国飞机涡轮机的发明者帕布斯·海恩，在提到预防企业安全事故重要性时，曾经说过："每一起严重事故的背后，必然有 29 次轻微事故、300 起未遂先兆和 1000 起事故隐患。"这句话后来被称为"海恩法则"。这条法则告诫企业管理者，任何事故的发生都是量的积累所导致的，即便你的技术再先进，规章制度制定得再完善，在实际操作时，自身的素质和责任心不达标，也是无济于事的。对于生产现场存在的安全隐患，无论什么时候都不能疏忽，安全这根弦任何时候都不能放松。

企业的生产管理离不开"海恩法则"，尤其是在安全管理中，它的意义更为深刻。大多数企业往往是在事故发生后才进行有针对性的总结，力图避免类似事件再次发生。但是他们忽视了对事故隐患的排查，只关注表面现象而没有找到事故产生的根源，造成安全事故屡屡发生。

其实，大部分安全事故是可以预防和避免的，实践也证明，事故的发生主要是因为安全管理工作做得不到位，作业者的安全防范意识欠缺。

在生产一线，诸多安全隐患时刻威胁着员工的生命安全，稍有不慎就会给企业带来无可挽回的损失。一个个惨痛的事实提醒着我们，要遏制企业安全事故的发生，就要把事前预防和事中监督提上章程，不要总是把事后处理当作安全工作的重点。

◎案例

2010 年 11 月 17 日，郑州郑上路立交桥下的供水管突然爆裂，大水漫入柿园水厂的地下泵房，导致电机烧毁，水厂不得不停止运作，80 万居民用水受到影响。该水厂在处理安全问题时，总是爆管后抢修，没有认识到车辆碾压和管壁的老化才是问题的根源，最终导致重大事故的发生。

郑州柿园水厂平均日供水总量约为 37 万立方米，是郑州市建厂最早、规模最大的水厂。这么严重的停水事故看似偶然，实则必然。短短几年内已经发生过 9 起爆管事故，柿园水厂出厂的主管道一共有 4 条，这 4 条主管道最初被铺设在道路两边，后来立交桥建成后，就被压在桥下。由于常年被大量车辆重压，不堪重负的水管一次次爆裂，酿成了悲剧。

◎点评

当一件重大安全事故发生后，我们当然要在第一时间急救处理，但同时不要忘记对类似事故的征兆进行彻底排查，及时消除事故隐患，防止类似问题再度发生。

安全生产，不仅关系到职工群众的生命财产安全，也关系到企业发展和稳定的大局。所以，一定要重视安全生产，不管怎么抓、怎么强调都不过分。

第八章

重视危机管理

为了降低或消除危机给企业带来的损失和威胁，管理者会对各种危机情境进行重新规划决策、动态调整和员工培训等。这一系列管理工作，就是我们所说的企业危机管理。能被称为企业危机的事项，一般指的是严重影响企业和社会大众关系的重大事故。危机管理工作，通常情况下可以分为两个部分：危机爆发前的事前预防管理和危机爆发后的应急善后管理。

防微杜渐，化解潜在危机

企业不能只满足于眼前的利益，沉醉在过去赢得的胜利中。要意识到潜在的危机正在一步步朝你走来，不要因安于享受而自毁前程。有时，看起来很不起眼的小事，经过“连锁反应”，就会像滚雪球一样越来越大，逐渐演变成摧毁企业的危机。可见，危机的出现通常都和企业日常管理的漏洞有直接关系，很多管理者的危机意识严重欠缺。

企业要避免出现危机，首先要从提高管理阶层自身的危机意识开始。有了这个基础，企业才不至于迷失自己的战略方向，在不经意间陷入困境之中。另外，还有一点不容忽视，要认识到危机管理并不是企业最高管理层或者某一个职能部门的事情，而是企业上下所有员工共同面临的课题。也就是说，在企业最高管理层已经具备危机意识后，要善于教导所有的员工，让他们也具备居安思危的意识。

◎案例

小天鹅公司在其内部一直采用“末日管理”的模式。公司领导认为，今天取得的成功不代表明天的成功，一款产品会有末日，一个企业也会有末日，而市场是没有末日的。他们经常拿自己的产品和国内外同行做比较，找出自己的差距，制定相关的措施，不断改进产品的质量，及时适应市场的需求。

小天鹅公司和全体员工防微杜渐的意识，是公司管理者对员工的危机教育培养出来的。通过不断教育，保证了全公司能把各种潜在的危机消灭在萌芽状态，用实践证明了危机预警管理是企业经营管理的有效手段。

◎点评

企业危机具体会在什么时间发生，规模有多大，对企业的伤害程度有多深，管理者是不可能完全预测的。这种恶性的突发事件，通常会在瞬间爆发，对企业产生极其恶劣的影响。要尽量避免这一幕的发生，管理者应该在企业内部通过制度化、系统化的危机管理以及规划危机出现后的补救措施，让企业渡过难关、化险为夷。这些补救措施在企业正常运营时是无法发挥效用的，只有在危机出现后才能体现出来。

破窗理论

美国的政治学家威尔逊与犯罪学家凯琳经过观察总结出破窗理论，他们指出，周遭的环境可以对一个人产生强烈的暗示性和诱导性。例如，如果一栋房子的窗户破了，而没有人去修补，这栋房子其他的玻璃很快也会被人打破；如果一面墙上偶尔出现的涂鸦没有被清洗，那么很快，墙上便会出现更多乱七八糟的涂鸦；一个干净的街角，人们会不好意思丢垃圾，但是一旦地上有垃圾出现，便会有更多的人丢垃圾，而不会觉得羞愧。这就是经典的“破窗理论”，也叫“破窗效应”。

美国斯坦福大学的心理学家詹巴斗也曾经做过一个实验，证实了“破窗理论”的存在：他找来两辆一模一样的汽车，将其中一辆停在相对杂乱的布朗克斯街区中，并且将车牌摘掉，顶棚打开，结果这辆车在一天之内便被偷走了。而将另一辆车停放在中产阶级的社区中，过了一个星期依然安然无恙，但是在他将一扇车窗打碎后，仅仅几个小时，车便被偷走了。

这项试验揭示出人们行为背后一般具有这样一种心态：人们不会主动破坏完好的东西，会不由自主地去维护他们。但是对于已经毁坏的东西，便会出现“即便让它再坏一点也没有关系”的心态。对于已经出现残缺的事物，便会加大它的损坏程度而认为无关紧要。

◎案例

一天，资深车工凯伊为了在中午休息之前完成 2/3 的工作，便将切割刀前的防护挡板卸了下来，因为在没有防护挡板的情况下，收取、加工零件会更快捷。但是他的这一行为很快便被车间巡查的主管看到了，主管大发雷霆。

凯伊本以为事情到这里便已经结束了，但是没想到，第二天，他被叫到老板的办公室，老板对他说：“身为员工，你一定知道安全对公司意味着什么，如果你发生了意外，那将是公司永远都无法补偿的。所以为了表示对你的惩罚，你被辞退了。”最终，凯伊因为一个错误的决定，失去了这份工作。

◎点评

这个故事给我们的启示是，如果公司没有对凯伊进行处罚，那么很有可能便会给其他的员工传递一种“这个规矩可以打破”的错误信息，会使更多的人“去打破剩下的玻璃”。这样用不了多久，更多的秩序便会被破坏，公司会陷入一种无序的状态。因此，对于可能造成深远影响的“小过错”，我们应当重视，防止千里之堤，溃于蚁穴。

对于个人而言，更要及时修好“被打碎的第一扇窗户”，不然时日一久，极易出现破罐子破摔的心理。我们不要轻易地打破心灵中的那扇窗户，如果因为一时的疏忽打破了“窗户”，也应当及时地将它们修补好，不然，便会如同打开了潘多拉魔盒，造成不可挽回的后果。

让失败成为你的财富

宝洁公司针对员工做过这样一条规定，“三个月不犯错误的员工，就不是好员工，不犯错误说明你什么也没干”。这样一种看似怪异却又正确的规定，在行业里被传为佳话。

不管你是谁，也不管你从事哪个行业，你都不能否认自己曾经犯过错误。你之所以会进步，是因为你犯了错误并加以反思。不要把失败当作自己最终的归宿，当失败来临的时候不要犹豫不决、畏首畏尾，要知道失败也许是一个机会，一个能让你学会怎样成功的机会。

企业在成长过程中，总是要面对接连不断的小失意或大失败，出现失意或失败是正常的成长规律。懂得从失败中总结出该做什么、不该做什么，才能算是一个成功的企业。当然，别人的失败也可以当作“前车之鉴”来衡量自己，但这并不意味着总结了别人失败的经验，你就百分之百会成功，关键是要做好应对失败的心理准备。更多的时候，企业家们为了抢占市场，必须尝试走别人没有走过的路。没有失败案例可参考的时候怎么办呢？

把失败当作机会吧，说得拗口一点就是“以最失败的准备走最成功的路”。不要为失败而后悔，也不要因后悔而造成同样的失败。

◎案例

1995 年的时候，香港联想公司曾经遭遇过一次危机，其内部管理、产品销量和财务状况均严重受挫。在千钧一发的时刻，联想没有放弃，而是冷静地分析原因，将香港联想和北京联想合为一体，让联想集团恢复了以往的状态。

这一次“失败”让联想董事长柳传志认识到一个事实：联想的主战场，在很长时间内都应该是中国内地市场，不应该那么早就瞄准国际。

总结失败经验后，联想重新规划了战略发展的布局，及时搭上中国PC市场发展的快车，成为中国本土PC市场上的最大赢家。

其实，联想受到的挫折远不止这一次。早在公司成立之初，他们就不被市场看好。公司老总甚至连起家的资本都是从科学院贷款得到的，当时联想流动资金只有20万元，由于求财心切，不久就在一笔生意中被骗去了8万元，整个公司面临破产。1998年的时候，联想的管理高层又闹起了内讧，公司陷于尴尬的境地，经营效益也迅速下滑。联想从成立到现在，已经度过30多个春秋，在这30多年里，他们历尽艰险，通过在失败中汲取经验而不断地成长。

◎点评

机会是无处不在的，但也是稍纵即逝的。要把握这些机会，就要有一种尝试犯错的精神。即便最后证明自己真的错了，也不要后悔。因为你把握了这次机会，就会认识到“此路不通”。都说“失败是成功之母”，这样的“母亲”越多，你得到的“母爱”也就越多。

小船如何过大浪

中小企业生存和发展的压力本来就很大，遇到全球性经济衰退时，就更加举步维艰。经济危机给中小企业带来的直接危害是，生产成本的上升和产品库存的大量堆积，于是企业的财务困难日趋严重。国家的宏观调控通常会给经济危机带来较大的改善，但是政策的细化实施和调整也往往会用很长的时间。因此，面对银行的惜贷和市场经济的变动，企业对自身进行调整也是不可或缺的，不能只靠国家经济政策来解决。

在经营困境里，企业要围绕6个方面展开全方位的自我救赎和调整：

1. 经营理念的转变

为了把将要展开的投资经营活动的风险降到最低点，中小企业首先应该改变固有的经营理念，以准确判断风险关联度为前提，来确定投资方向和经营策略。这就要求中小企业不仅要关注宏观经济的风险，还要关注国际经济大环境对国内经济发展的影响，从而认识到自身企业面临的产业风险和相关产业的风险。

2. 提高成本管理的力度

国际经济大萧条，势必会给国内企业带来融资困难和产品销量的紧缩。在这种条件下，任何企业都应该提高成本管理的力度。在保证产品质量的前提下，尽量降低生产成本，并且根据市场的需求，对自己的产品结构进行调整，根据销量来确定产量，为企业生存提供更广阔的空间。

3. 重点发展有增长潜力的产业

为了能尽量多地换取现金流，为企业的流动资金添砖加瓦，实行多元化经营方式的中小企业，应该重点发展具有增长潜力的产业。针对处于亏损状态下的产业，应该暂时适度收缩。融资非常困难甚至根本筹不到钱的时候，应该找准时机对部分资产采取出售或短期租赁等方法。

4. 资产变现

有些中小企业的资产已经具备较大的规模，但是债台高筑。针对这种情况，应该通过资产变现的方式来改善企业负债的局面，这样做不仅可以减轻负债的压力，还可以相应提高资产净值。企业的融资信用增强后，市场竞争力才会提高，从而扩大市场份额。

5. 联合作业战略

市场的关联性很强。和市场经济关系十分紧密的中小企业，应该采取联合作业的方式，将产、供、销 3 个方面有效地组织起来。通过降低原料采购、生产、运输和销售的成本，来改善现金流紧张的局面。

6. 避免盲目地投资和并购

充裕的流动资金是抵御经济危机的先决条件。由于缺乏判断市场发展前景的信息，在经济危机期间，资金实力雄厚的中小企业，盲目地进行多元化投资或并购，很可能会导致企业资产的恶化。

◎案例

张骁原来就职于浙江义乌一家外贸公司，由于经济不景气他失业了。随后，张骁毅然注册公司，逆势杀入外贸行业，主要做进口生意。因为他认为，金融危机对国外客商的影响远远大于国内，面对中国这个广阔的市场，他们急于为产品找销路。

张骁的第一笔业务来自一家经营“洋零食”的欧洲公司。这家公司代理欧洲几十个畅销的糖果、咖啡和巧克力品牌，受金融危机的影响，他们急于回收资金，不仅报价比几个月前低 40%，而且采取支付订金、货到付款的方式。在与对方商谈时，张骁便开始寻找下家，由于他的产品价格比国内同类批发商低了很多，货还没有到，早已被订购一空。

有了第一笔利润作为流动资金，张骁继续挖掘这种逆向的商机。每年的 10 月和 11 月，由于圣诞节将至，本是圣诞礼品出口的旺季，然而当年受金融危机的影响，国外的订单大幅减少，一些对市场变化反应慢的企业积压了大量的圣诞礼品。张骁发现这一商机后，立即把这些企业积压的圣诞礼品销往国内市场。由于国内越来越多的人过圣诞节，这些原本应该销往国外的圣诞礼品迅速在国内被消化了。

除了国内厂商的积压产品，张骁还把目光投向了国外厂商的滞销产品。张骁原来经常接触一些外商提供的样品，这些产品新颖独特，很受国内消费者的青睐。通过销售国外厂商的滞销产品，张骁又找到了一条新财路。

◎点评

正所谓“船小好掉头”。在金融危机面前，中小企业恰恰具有小舢板机动灵活的优势，可以随机应变，抓住金融危机中蕴藏的宝贵机遇。当那些大企业转身困难的时候，中小企业反倒可以趁势而起，发展和壮大自己。故事中的主人公就是一个具备独到眼光的成功范例。

怎样解决公关危机

公关危机是企业管理的不速之客，它潜伏在企业内部和外部市场管理的每一个环节中。看似不起眼的一点小差错，就有可能让企业面临一场灾难。公关危机有些是显性的，较容易处理，也有一些是隐性的、不易被察觉的。怎样巧妙应对公关危机，应该得到每一个企业重视。处理好来势凶猛并且非常棘手的公关危机，不仅需要管理者具备过人的智慧、胆识和魄力，还需要强大的媒体资源。

总的来说，处理这种危机事件，至少需要严格执行 6 个步骤。按照顺序可划分为：监控、应对、化解、承转、重塑、提升。只要处理好这 6 个环节，解决好公共关系危机就不难了，甚至有时还可以让危机变成企业发展的动力。

第 1 步：监控

在公共关系危机爆发后，管理者要做的第一件事是迅速成立危机处理组织，对电视、报纸、网络等各种媒介，展开全方位的监控。通过监测，及时了解危机事件的状况，并初步做出应对方案。

第 2 步：应对

在初步方案的基础上，结合最新信息制定最终策略和方法，防止危机效应进一步发展。在这个环节中，工作小组还要想尽一切办法，尽可能多地屏蔽各类负面消息。要有具体人员专门负责和媒体交涉，为控制信息一事进行谈判，并最终达成共识。

第 3 步：化解

上一个环节已经有效防止了危机的蔓延。尽管如此，还是有一部分人看到了报道，管理者须想办法消除已经产生的负面影响，如采取迂回的战术，有针对性地公布事实，让消费者了解到事件的真相。

第 4 步：承转

经过巧妙的构思和策划，“化干戈为玉帛”，将本来让人头痛的危机事件变成可以提高企业知名度的好事。

第 5 步：重塑

承转阶段让一些消费者的疑虑得到解释，企业和这部分消费者彼此和解。但事情还没有结束，还有部分人群出于各种原因，并没有自始至终地关注此次危机事件，他们仍然对企业持怀疑态度。这时候就需要企业主动出击，通过各种方法重塑企业的形象，让这些仍被蒙在鼓里的消费者，继续对企业持有信赖感。

第 6 步：提升

重塑环节为提升企业美誉度打好了基础。维持企业良好的形象，是一项任重道远的任务。企业还要持续不断地站在消费者的角度去思考，

以使他们获得更多的利益为出发点，策划推广活动。

前 5 个步骤，对于提升企业美誉度都是不可或缺的，最后一步的实现可以达到处理公关危机事件的最终目的。懂得如何获得消费者的信赖，才是赢取美誉度和忠诚度的关键。好的处理方法，不仅能让消费者重新对该品牌产生好感，还能让他们体会到企业时时刻刻都在关心着他们的利益，从而使其更加欣赏这个企业。

◎案例

潘石屹在开发 SOHO 现代城期间曾遭遇了一次严重的危机——“氨气事件”。当时，SOHO 现代城 2 号楼部分楼层的氨气浓度高出国家环保部门出具的参考标准，个别房间超标几十倍。原因是施工方在混凝土中添加了含有农用尿素成分的防冻剂。2000 年 3 月，北京市建委宣布这种含有尿素的防冻剂作为淘汰产品，不能再使用。而 SOHO 现代城 2 号楼是在 1998 年冬季施工的，使用的是符合旧规定的防冻剂。

“氨气事件”发生后，潘石屹亲自出面，与业主进行沟通，由于彼此分歧太大，无法达成一致。部分业主通过律师向 SOHO 现代城发出律师函，个别业主起诉到法院，或者向仲裁委员会提请仲裁。

潘石屹决定向业主道歉并无条件退房，赔偿业主房款的双倍利息。但业主依旧不满意，理由是：现代城仅按原价退还购房款，但当时的房价已经升值 25%；业主装修及购买家具的费用，现代城也不赔偿。矛盾仍然无法化解。

随后，《北京晚报》刊登了《潘石屹向受损客户道歉》的文章，潘石屹在文章中首先对所有受损住户表示诚挚的歉意；其次，他表示希望通过法律途径有一个公正的裁决；最后，潘石屹向社会广泛征求祛除氨气更有效的办法。SOHO 现代城还组织了除氨设备公开招标活动，

给受损业主安装了除氨设备后，又补偿了业主增加的电费。

此外，SOHO现代城召开新闻发布会，向领取新房钥匙的6号楼业主做出绿色承诺,并出具了室内空气质量检测合格的证明。在新闻发布会上，潘石屹手捧证书，让记者拍照。次日，媒体刊登了配有这张照片的大篇幅报道。至此，事件基本得以平息。潘石屹成功地表演了危机公关秀，让媒体为SOHO现代城做了大面积的免费宣传。

◎点评

企业面对的危机往往蕴藏着宝贵的机遇，只要妥善地加以应对，化危为机并非没有可能。地产明星潘石屹在解决“氨气事件”的过程中就成功地做到了这一点。“氨气事件”之所以得到圆满解决，取决于以下三点：第一，坦诚地面对媒体，不遮遮掩掩、躲躲闪闪；第二，勇于承担责任，不推诿搪塞；第三，调动媒体资源，通过宣传造势，挽回产品形象，同时进一步扩大企业的知名度。

如何应对“产品召回危机”

公司陷入经营危机，不仅领导者自己难堪，员工的士气也会遭受重创。当传来必须大量召回不合格产品的噩耗时，管理者对如何重塑品牌形象这一重任，往往不知所措。于是，更多的大公司选择把这种棘手的事托付给专业经验丰富的危机公关公司。

近几年，为了防止因生产过失影响公司利润，购买产品召回保险的公司越来越多。由于公司的规模大小不一，他们所购买的保单的内容也不尽相同，但目的大致一样，都是想减少召回产品的运输、存储以及研

究的成本。企业和媒体之间的关系，由危机公关公司负责保持。有关保单的成本内容，还包括危机处理专家与受到召回事件影响的人群进行沟通和协调的费用。

产品召回的处理过程分为 3 个步骤：

首先，企业和保险公司在危机发生前，就应该制定好应急战略。

其次，企业在产品召回事件发生后，根据事件规模的大小，确定该雇用哪一级别的危机公关公司。

最后，从产品下架一直到回库的工作，全部由危机公关公司负责处理。

产品召回预防管理：

召回事件重在预防，这不仅要求企业应加强产品质量管理，还要预先规划好处理召回工作的方案。召回预防管理工作，主要包括以下 4 个方面：

1. 建立“召回委员会”

建立起一个专门负责召回管理工作的组织，并让各部门的职责得到进一步的明确。所谓的专门的组织，指的是“召回委员会”，委员会的成员应该包括各部门的主管，如果有必要，公司的老板应该考虑出任这个委员会的主任。在主要负责人的带领下，“召回委员会”的每一位成员，都应该了解并履行自己的职责。

2. 加强安全管理

安全管理和质量管理，尽管性质类似但是有区别。安全管理不仅要为产品质量标准服务，还要同时负责预防产品在设计、制造和销售过程中，可能会出现的种种风险。制定一个有效的安检程序，是安全管理工作的措施之一。另外，在产品出厂前，还要进行严格的质量检测，尽量避免具有安全风险的产品流入市场，具有高风险的产品应该重组或立即销毁，让危机化解在萌芽状态。

3. 建立有效的沟通渠道，保持好企业、用户和分销商的关系

建立沟通渠道的好处表现在两个方面：其一，方便企业与消费者、中间商、维修站和客户服务部门及时联系；其二，通过沟通渠道，企业还可以获取产品使用、产品维修、产品退回、消费者回馈意见等重要信息资源。

4. 建立产品与顾客数据库

这项工作对企业进行产品召回是十分必要的，当产品出了问题需要召回时，管理者可以根据产品数据库中记载的产品型号、生产批次、生产日期和销售对象，决定哪一款产品需要召回，以及谁购买的产品需要召回。

◎案例

2009年年底至2010年年初，日本丰田汽车深陷历史上最大的产品召回危机。2009年11月25日，丰田公司就已因脚垫滑动卡住油门踏板的缺陷召回426万辆汽车。时隔不到两个月，2010年1月21日，丰田突然宣布在美国召回包括凯美瑞、卡罗拉在内的8款共230万辆汽车。仅仅一周之后，这个数字就追加到340万辆。而召回原因是这些汽车的油门踏板因为自身设计问题，踩下去后可能“不受控制地加速”，存在极大的安全隐患。

在危机面前，丰田公司反应迟钝，直到2010年2月5日，总裁丰田章男才就丰田汽车全球召回事件公开鞠躬道歉。

◎点评

尽管丰田公司拥有强大的公关团队，但在危机面前没有做出及时、有效的反应。丰田是一家垂直式集权管理的公司，包括召回在内的任何

有关质量问题的重大决定，都必须出自东京总部。在这次召回事件的重灾区美国，低级别的员工发现了质量问题，想传达到总部却非常困难。不等到问题失控，管理层是不会出面解决的，而这时已经错过了解决问题的最佳时机。丰田公司的表现是应对产品召回危机的前车之鉴。

图书在版编目（CIP）数据

超实用管理学/磨剑著.—北京：中国法制出版社，2020.3

ISBN 978-7-5216-0846-5

Ⅰ.①超… Ⅱ.①磨… Ⅲ.①管理学-通俗读物 Ⅳ.①C93-49

中国版本图书馆 CIP 数据核字（2020）第 023707 号

策划编辑：胡　艺（ngaihu@gmail.com）
责任编辑：胡　艺　周熔希　　封面设计：杨泽江

超实用管理学

CHAO SHIYONG GUANLIXUE

著者/磨　剑

经销/新华书店

印刷/三河市国英印务有限公司

开本/710 毫米×1000 毫米　16 开　　印张/15　字数/226 千

版次/2020 年 3 月第 1 版　　2020 年 3 月第 1 次印刷

中国法制出版社出版

书号 ISBN 978-7-5216-0846-5　　定价：49.80 元

北京西单横二条 2 号

邮政编码 100031　　传真：010-66031119

网址：http://www.zgfzs.com　　**编辑部电话：010-66034985**

市场营销部电话：010-66033393　　**邮购部电话：010-66033288**

（如有印装质量问题，请与本社印务部联系调换。电话：010-66032926）